고슴도치 시대의 여우

고슴도치 시대의 여우

세계와 인문 구조, 그 틈과 바깥

조규형 지음

산지니

서문

고슴도치 시대의 여우

서문은 사실 마지막에 쓴다. 이런 점에서 서문은 결론에 더 가깝다. 이에 해당하는 전형적인 예로는 헤겔의 『정신현상학』이 자주 거론된다. 헤겔의 이 핵심적 저술은 정작 그의 전체 철학 체계의 서론으로 구상된 것이었으므로, 그 본론은 서론이며 이에 마지막으로 덧붙인 서문은 '서론의 서문'이자 '서론의 결론'이기도 하다. 이런 예로써 지금 이 서문이 헤겔의 서문과 그 위상을 같이한다고 주장하는 것은 결코 아니다. 다만, 지금 이 서문은 물론 이것이 소개하는 본론 역시 단지 새로운 시도와 시작을 탐색하는 서론쯤이 되었으면 하는 마음의 소산임을 밝히고 싶어서이다.

세계 속에서 인간 의식의 확장을 모색하는 『정신 현상학』은 교양소설의 틀 속에서 읽을 수 있다는 주장이 있어 왔다. 그 이유는 부분적 타당성만을 가지는 단계들을 극복해나가면서 최상의 단계로 나아가는 인간 의식의 전개 과정이 젊은이의 의식의 성장 과정과 유사하다는 것에 있다. 이러한 전개 방식은 멜빌의 『모비딕』의 화자인 이슈마엘이 피쿼드 호와 에이합 선장의 여정을 함께하면서 한층 성숙한 주인공으로 커나가고, 유일한 생존자로서 자신이 겪은 사건과 그에 대한 사유를 전하는 방식과 닮아 있다.

하지만 헤겔의 정신현상학이 궁극적으로 낙관적 비전을 제시하고 있다면, 헤세의 『수레바퀴 아래서』에서와 같이 진정한 의미의 교양소설은 주인공에게 희망보다는 세계의 냉혹함을 경고하고 독자가 다시 이를 생각하도록 한다. 이런 까닭에 교양소설은 성장의 최종적 주체가 작품 속의 주인공을 넘어 이를 읽은 독자로 귀결되는 장르이다. 『모비딕』의 이슈마엘과 그 험난했던 경험에 대한 그의 술회를 읽는 독자들 또한 이러한 구도 속에 있다. 여기에서 더 나아가 인문학 자체도 교양소설과 상당한 유비관계를 갖는다는 것이 과언이 아니라고 한다면, 인문학 역시 자신의 대상 앞에서, 이슈마엘의 경우처럼 커다란 흰 고래 앞에서, 끊임없는 사유의 여정을 보여주고, 우리는 또다시 이렇게 우리에게 전해진 내용에 대해 나름대로 사유해야 하는 위치에 있다.

마치 교양소설의 주인공 그리고 그 독자의 경우처럼 냉혹한 시대 속에서 개인적 여지는 어디에 있는가라는 초보적인 질문이 이 저작의 단초였다. 그것은 이 시대의 사회가 참으로 구조적이고 변경이 불가능한 것으로 믿어지는 확고한 원리에 따라 작동하고 있으며, 이에 따라 개인적 의지의 영역이 너무나 한정되어 있다는 관찰에 따른 질문이었다. 고슴도치적으로 웅크린 채 가시를 갖는 이 시대 구조 속에서, 개인에게는 각자도생(各自圖生)이나 각개약진(各個躍進)이 주로 처방되고 유효하다. 개인 스스로가 오직 나름의 삶을 구한다는 각자와 각개의 윤리는 오히려 지극히 고슴도치적 사회 구조를 반영하는 모토이기도 하다.

이 시대가 견고한 구조의 논리를 가속화하는 가운데, 인문학 역시 구조적이거나 각개적인 방향을 향한다. 이러한 교차점에서 한 치라도 앞으로 나아가고자 한 나의 논리가 결국에는 한동안 우리의 관심 대상이었지만 용도폐기 된 듯한 소위 탈구조의 논리를 소환하고 이를 재점검하고 있다는 것을 모든 글을 쓴 후에야 새삼 깨닫게 되었다. 탈구조의 문제의식이 점검하고 해결하고자한 상황에는 변함이 없거나 그 논리가 더욱 중층적으로 배가되고 있다면, 탈구조론의 유령과도 같은 재출몰은 불가피하다.

탈구조론을 소환하는 과정에서 특히 그 핵심어와 변형어들은 여전한 여운과 반향(反響)을 갖는다. 이들 가운데 유독 '부유기표'와 '자가면역' 그리고 '거울단계'는 묘한 마법처럼 내 관심을 끌었다. 지금 이 서문의 위상의 문제에 있어서도 이들 세 개념은 유효한 지렛대이기도 하다. 표면적으로는 분명하지만 의심의 눈앞에서 '서문'의 위치는 기실 확정할 수 없는 기호로서 자기 전복의 논리를 담고 있다. 그렇지만 이러한 필연적 비결정성과 오인은 이 저작에 있어서도 좌절이 아니라, 우리의 관심을 철회할 수 없는 기회이자 도구로 작용하였다.

범박하게 단언하자면, 세계의 기호로서의 문화 속에 있는 인문학은 항상 부유기표의 위치에 있을 수밖에 없다. 매우 극단적인 예이지만 인문학이라는 이름과 결코 무관하다 할 수 없는 것들이 일상의 조언들이다. "아프니까 청춘이다," "20대에 꼭 해야 할 46가지," "인생을 두 배로 사는 아침형 인간" 등등에서처럼 우리의 삶에 대한 일상의 지침으로 권유되는 것들은 일반화될 수 없는 기껏해야 국지적 유효성만을 가지는 것으로 드러나며, 곧장 전혀 다른 지침에 의해 반격을 받는다. 삶의 지혜를 요약하고 있는 통속적인 격언들 역시 그때그때 다른 지침을 내린다. 가령 "아는 것이 힘이다(Knowledge is power)"나 "백지장도 맞들면 낫다(Many hands make light work)" 등은 동서고금의 격언이지만, 이와 달리 "모르는 게 약이다(Ignorance is bliss)"라거나 "사공이 많으면 배가 산으로 간다(Too many cooks spoil the broth)"라는 격언도 있다. 언뜻 보면 서로 상반되는 격언처럼 보이지만, 잠시 생각해보면 "아는 것이 힘이다"는 "모르는 것이 약이다"(이 역시 하나의 '아는' 것이니)라는 내용의 교훈과 접해 있고, "백지장도 맞들면 낫다" 또한 이러한 사태의 과도한 부작용으로 "사공이 많으면 배가 산으로 간다"는 것과 이어져 있다. 물론 동일한 방식으로 이들의 역도 성립한다. 이런 점에서 격언들은 상반되는 것 못지않게 그 내면에 어떤 다른 의미로의 연쇄와 전복의 차원을 스스로 가지고 있다. 비록 심히 극단적이고 단순한 사례이지만 이들의 교훈은 우리의 현실 파악과 논리가 항상 뉘앙스의 차이에서부터 모순까지의 스펙트럼을 가질 수밖에 없고, 바로 이러한 여지와 난관이 또다시 우리의 삶과 생각을 이끌어낸다는 데 있다. 전복과 모순 그리고 부유의 지점이야말로 깊은 생각의 지점이고, 여기에서 인문학의 한계이자 능력을 확인할 수 있다.

문화적 공간 내에 자리한 인문학은 대상과의 동역학 속에 부단히 변화의 과정을 이어가는 상호 가소성(可塑性, plasticity), 특히 스스로의 자기 전복성을 내적 기재로 삼는 학문이다. 이러한 인문학의 가소성, 달리 말하자면 부단하게 움직이는 부유성은 "인문학을 믿지 마세요"라는 사용 설명서나 경고문이 있어야 한다는 자조에 이를 수 있도록 한다. 부유기표의 다른 표현이기도 한 자가면역 그리고 오인과 사랑의 공식 등은 인문학이 세계를 설명하는 용어이기에 앞서 인문학 자체의 내적 논리로 다가오기 때문이다. 하지만 인문학은 소실점과도 같은 그 사유 대상을 향하는 과정 속에서 자기 회의를 스스로의 가장 중요한 논리로 삼아왔고, 이것이 그 한계이자 기회, 잠재성과 가능성으로 기대되어왔다. 그것은 불가능(impossible)이 진정한 의미의 가능성의 기입(im-possible)에 열린 상태이며 진정한 사유는 불가능성하에서의 사유라는 데리다의 논리를 떠올리게 한다. 물론 이러한 질문과 대답 위에 설정된 인문학의 정체성이 세계와 자아의 논리를 이해하는 데 있어 어떤 함의와 비유적 유효성을 가질 수 있는지는 여전히 열린 논제이다.

항상 새롭게 시작한다고 하지만, 혹은 그렇기 때문에 자기 반복을 하고 있는 듯한 것이 인문학이다. 현 시대의 사유는 어떻든 우리에게 남은 재산인 탈구조론의 과와 실을 발판으로 삼을 수밖에 없는 것일까? 이 논의가 탈구조론을 충분히 애도하고 거기에서 얼마나 더 나아갔는지는 읽은 이의 판단에 맡길 수밖에 없다. 이 논의를 시작하기 위한 먼 시간적 첫 단추는 2006년도 고려대학교에서 내게 부여해준 연구년 혜택이었음을 밝힌다. 긴 시간 동안의 화두였지만 이런 모습으로 귀착한 졸고를 받아준 산지니와 교정을 맡아준 편집부 윤은미 님께 감사드리고, 이 뜻깊은 출판사에 최소한 상업성이 아닌 측면에서나마 도움이 되길 바란다.

안암동에서

조규형

차례

I

시대 구조, 그리고
인문 구조의 틈과 바깥

1. 시대론

고슴도치의 구조 vs 여우의 틈과 바깥

오늘의 시대를 이런 시대 저런 시대, 혹은 이런 사회 저런 사회로 진단하고 규정하는 다양한 시도와 이에 따른 처방이 있어왔다. 이렇게 포괄적 단일 시각으로 오늘의 삶과 사회를 조망하고자 하는 시도들은 어떻든 구조주의적이라고 하지 않을 수 없다. 여기에서 전개할 논의 또한 넓은 의미에서 이러한 범주에서 벗어날 수 없을 것이라는 우려를 안고 있다. 이런 까닭에 이 논의는 사람들로 가득 찬 지하철에 "뭐 이렇게 사람들이 많아"라고 말하면서 올라타는 행위에 속할 수 있다. 아무튼 이 논의는 이들 진단이 유래 없는 고슴도치의 시대에 대한 고슴도치적인 전망과 처방을 담고 있다는 유감에서 시작한다.

정치 사상가 이사야 벌린(Isaiah Berlin)은 그의 명저 『고슴도치와 여우』(*The Hedgehog and the Fox*, 1953)에서 톨스토이를 고슴도치가 되고자 하는 여우로 설명한 바 있다. 이 비유는 고대 그리스의 시인 아르킬로쿠스(Archilochus)의 시라고 전해지는 한 구절, "여우는 작은 것을 많이 알고 있지만, 고슴도치는 큰 한 가지를 안다"에서 온 것이다. 여기에서 시인은 아마도 다재다능한 여우보다는 하나의 큰 장점을 가진 고슴도치의 상대적 우위를 말하고 있지만, 여우와 고슴도치는 인간형과 세계관 등 여러 가지를 범박하게 구별하는 데 있어 널리 사용되어왔다.

벌린은 역사상 큰 족적을 남긴 작가와 사상가들의 사유방식을 하나의 체계적 사상을 지향하는 고슴도치 유형과, 다양한 경험을 우선시하려는 여우 유형으로 나누고 있다. 그는 플라톤과 단테 그리고 헤겔과 도스토예프스키를 고슴도치 유형으로, 아리스토텔레스와 셰익스피어 그리고 몽테뉴를 여우 유형으로 분류한다. 통 큰 구별이어서 그 정확성에는 논란의 여지가 있지만, 어떤 논의의 시작을 위한 인상적인 분류인 것은 사실이다.

벌린의 이 저서는 톨스토이를, 특히 『전쟁과 평화』의

톨스토이를 모든 것을 아우르는 하나의 체계를 세우는 것을 목표로 했지만, 뭇 역사가들과 달리 자신의 주변에서 관찰한 사실들에 더 많은 애정과 신뢰를 보낸 작가로 해석한다. 벌린에 따르면, 현실에서는 고슴도치이고자 하지만 천성이 여우인 그에게 와서는 고슴도치와 여우의 분류가 썩 잘 작동하지 않는다. 체계적이고도 원대한 사상가이고자 하면서도 삶의 과정에서 맞닥뜨리는 자잘한 것들에 대해 애정과 신뢰를 보내는 톨스토이 문학의 위대성은 고슴도치나 여우라는 하나의 유형으로 수렴하거나 포섭되지 못하는 갈등 자체를 기록한 점에 있다는 것이다.

유래 없는 고슴도치 시대로의 표류

벌린의 구도를 원용하자면, 고슴도치는 체계와 체제, 그리고 사물과 사태의 통일성을 지향하고, 여우는 경험과 탈체제 그리고 모순 자체를 수용하는 태도에 대한 은유이기에 충분하다. 문화에 대한 이론의 관점에서 오늘의 시대가 '유래 없이' 고슴도치와 같은 공간이라 할 수 있는 것은 역사적 비교를 필요로 한다. 한 체제의 견고성을 시대의 흐름 속에서 측정하는 것은 쉽지 않지만, 하나의 체제가 스스로를 부정할 수 있는 기점을 발견하기 힘들 경우 우리는 그것의 견고성을 말할 수 있을 것이다.

신자유주의 사회 체제가 견고하다고 할 수 있는 것은 바로 자기 전복적 지점이 아직은 쉽게 파악되지 않는다는 점에서 그렇다. 시장에서의 등가 교환의 정당성에 기초한 견고한 논리 구조는 공간적으로 세계화와 세속화 그리고 시간적으로 전통적 가치의 붕괴와 균질화를 가속화시키고 있다. 구조 내 개체 사이의 등가 교환 가능성과 그 정당성에 대한 무한한 신뢰는 민주주의 또한 신자유주의의 은유적 지평 속에서 파악되도록 설득하고 있다. 하지만 민주주의는 자신의 논리로 창출된 체제 원리를 스스로 부정하고 전복할 수 있는 장치를 내장하고 있는 점에서 신자유주의와 근본적 차이를 갖는다. 달리 극단적으로 말하자면 민주주의는 다수가 합의한다면 어떤 원리라도 확정할 수 있고 또 이를 부정할 수 있는 구조이다. 이런 점에서 민주주의는 항상 잠재적이자 과정적 존재이며, 그 체계 혹은 구조는 탈구조적 차원을 포함하는 가장 적절한 예이다.

2. 인문학

구조론에서 탈구조론으로

이론 분야에서 포스트구조 혹은 탈구조는 지난 세기 후반기의 주요 논제 가운데 하나였지만, 그것이 제기한 논제를 통해 우리가 진정으로 구조주의적 사유를 벗어날 수 있었는지는 분명치 않다. 기실 사유는 현실에 직면하여 무기력한 것이었는지, 혹은 냉혹한 현실 속에서 위안의 제스처에 지나지 않은 것이었는지, 이런 저런 나름의 획기적 사유 이후에도 분명 가장 폭넓고 두터운 구조의 시대는 오늘날 가속화하면서, 우리로 하여금 탈구조가 아니라 구조와 그러한 논리의 공간 속에서 숨을 쉬며 살도록 하고 있다. 더불어 구조주의에 대한 비판을 통해 형성된 많은 탈구조의 이론 또한 여우의 탐색이 아니라 고슴도치의 구조로 귀착한 듯하다. 이런 점에서 사회 그리고 사유 체계 모두 시간의 흐름과 함께 고슴도치가 되어가는 것으로 보이며, 한때는 전복적인 사유가 이제는 수세에 몰려 도망을 가거나 자기 논리의 방어에 급급한 모습을 보인다.

일면, 세계의 구조화와 이론의 고슴도치화는 상호 반

영적이자 보완적 관계를 형성하는 것으로 여겨질 수 있다. 하지만 세계의 사태와 이론적 사유가 전적으로 상호 반영과 보완의 관계를 형성해온 것은 아니다. 오늘의 시점에서 구조주의를 단지 당대 현실이 반영된 이론으로 여기고자 하는 것은 오늘의 이론에 지나친 차별적 우월성을 부여하고자 하는 욕망이 낳은 생각일 수 있다. 구조주의가 한 시대의 '사유'였던 것은 그것이 당대의 상황을 반영하는 것 못지않게 그것을 거스르는 차원 또한 담지하고 있었기 때문이라는 것이 더 적절한 평가일 수 있다. 물론 탈구조주의, 포스트모더니즘, 더 나아가 해체론 등이 여우적 이론이고자 한 것은 분명하다. 하지만 이러한 여우적 이론의 진정한 힘은 고슴도치적 구조가 갖는 힘을 간과하거나 과소평가하지 않고 그것이 갖는 견고한 힘을 정확히 파악하고 기술하는 것에서 나온 것이었음을 재확인할 필요가 있다.

이러한 예로 푸코(Michel Foucault, 1926~1984)의 경우를 들 수 있다. 푸코의 모든 저작은 근대로의 이행과 함께 인류 사회가 얼마나 권력 구조의 공간으로 변모해왔는가를 밝히는 작업에 집중하였다. 그는 말기 저작에서 '통치성(gouvernementalité, governmentality)' 개념을 통해 한층 포괄적이고 정교한 권력 작용의 논리를 강조하였다. 이런 까닭에 푸코의 수많은 독자들은 이렇게 미세한 신체 영역에까지 영향력을 발휘하는 권력에서 개인이 과연 벗어날 수 있을지 그 방법에 대해 질문하고 방책을 요구하였다. '자신에 대한 기술(technique de soi, technologies of the self)' 등으로 요약되는 그의 최후 테제는 강연록 수준에 머물고 있지만, 그것이 갖는 깊은 설득력과 이에 대한 독자들의 애정은 눈에 띄는 현상이다. 푸코의 논의가 발휘하는 설득력의 상당 부분은 이제까지 그가 최선을 다해 무소불위의 구조적 힘에 대해 연구해온 바에 기인한다고 할 수 있다. 분명 푸코의 연구는 구조적 권력 공간 속에서도 그 단단한 체계적 폭력에 산입되지 않은 주변부 존재들을 확인하여 제시하고 있다. 여기에서 더 나아가 그의 최후 저작이 이끌어내고자 하는 개인적 영역에 대한 여지는 매우 분명하게 이에 대한 자신 스스로의 그리고 독자의 갈증을 인정하고 또 그것을 해소할 수 있는 방안을 암시하고 있다.

고슴도치적 이론은 결코 안일한 사유의 소산이 아니다. 그것이 구조가 갖는 견고한 구조성에 초점을 맞춘 것은 인간에 대한 냉정한 재점검의 일환이었다. 구조에 대한 강조는 한편으로 인간에 대한 강조와 배치되지 않는다. 구조에의 관심과 논의에 있어 확연히 드러나지는 않지만, 그 궁극적인 지향점으로서의 소실점은 인간의 위상에 대한 궁구에 있기 때문이다. 이런 점에서 이는 인간이 처한 조건을 간과하기보다는 그 구조성과 포괄성을 정확히 파악하면서 이에 따라 인간의 의의를 더욱 새롭게 구성해내고자 하는 노력의 일환이다. 여기에서 우리는 인간에 대한 정의가 그가 위치한 구조와 긴밀한 관계에 있다는 상식을 다시 한 번 확인하게 된다. 인간에 대한 정의는 그 자체로서가 아니라, 일차적으로 그의 타자적 외부라 할 수 있는 구조와의 상호 관련성 속에 파악되어야 한다는 것이다.

"아니면 말고" — 인문학 사용 설명서

위 구도를 공식화하자면 구조와 인간 혹은 고슴도치와 여우가 대립하는 이분법의 해체라고 할 수 있다. 이는 또한 둘을 대립 혹은 대립적 의존 속에 상호 가소성(可塑性, plasticity)을 갖는 존재로 파악해야 한다는 것을 말한다. 여기에서 우리는 이러한 구도가 개념과 개체의 자기 정의의 한계를 말하면서도 동시에 어떤 운동과 변화의 기회를 제공하고 있다는 점에 유의할 필요가 있다. 하지만 이 논의는 인간이라는 개체와 사회 문화적 구조를 대립적으로 파악하는 이분법의 해체 속에서 어떻든 그 관심을 인간에게 두고자 한다. 달리 말하자면 고슴도치의 논리보다는 여우의 논리에 더 역점을 두고자 하는 것이다. 이에 대해 제기될 질문에 대해서는, 인간에 대한 논의는 고슴도치적인 개념의 관점보다는 여우적인 실천의 관점에서 파악되어야 할 특성을 갖기 때문이라고 대답할 수 있다. 생명의 논리가 구조의 논리와 달리 갖는 특성은 그것이 부단히 자기 논리의 재정의, 극단적으로는 자기 파괴적인 면모 또한 갖는다는 것이다. 달리 요약하자면, 아래의 논의는 인간학으로서의 인문학은 자가면역과 거울단계의 논리 속에 있는 부유기표라는 것을 주장한다. 인문학의 위상에 대해 이는 한편으로 이왕의 시선에서 보자면 매우 부정적이고, 다른 한편으로 그러한 부정의 틈새로 약간의 다른 여지를 남길 뿐이다. 고전적 비극이 그래왔듯이, 인간과 세계에 대한 최대한의 비극적 인식이야말로 우리 삶을 고양시켜온 틈새이다.

이러한 논의는 인간에 대한 부단한 재정의를 주문한

다. 인문학은 그 근본에 있어 인간 재정의의 학에 다름 아니다. 각 시대에서 인간은 스스로를 재정의해야 하며, 변화된 인간관은 최상의 인간, 그것을 넘어 인간의 종언을 포함한다. 인간의 종언이란 비인간으로의 과정이라 할 수도 있지만, 그것은 지속적으로 인간을 재정의해나가는 한 유형에 지나지 않는다. 인간이라는 개념과 실체 자체는 비인간과 대비되면서도 바로 이로부터 자기 정의가 가능할 수 있었으며, 그러한 자기 정의는 지속적으로 자기 회의와 자기 재정의의 과정이기에, 극단적이자 통속적으로 말해 인문학은 "아니면 말고"의 학이라고 할 수 있다. 이는 인문학의 자기 정의의 불안정성을 표현하고 있지만, 그 근본에 있어서 이러한 사태의 원인은 인간의 자기 정의의 차원이 갖는 불안전성에 기인한 것이다. 인문학적 이론은 스스로의 한계를 내장한 체계일 수밖에 없고, "아니면 말고"라는 자조적 술회는 오히려 그 정직성에 따른 것이라고 한다면 과도한 언사일까? 이런 점에서 인문학에서 제시하는 인간학—이후에서 논의하는 인간학 역시 예외가 아니다—혹은 특정한 인간론의 개인적 선택에는 그에 따른 본인의 책임도 동반해야 한다는 경고문과 사용설명서가 함께 요구된다는 제안이 필요하다.

문화와 타자 그리고 자아의 내면에 대해 논의할 수 있는 방식 가운데 하나가 인문학 특히 문화와 문학 이론이 사용하는 주요 개념을 지속적으로 다시 살피는 것이다. 이를 위해 이 논의는 기표와 면역 그리고 자아를 설명하기 위해 동원되는 개념인 부유기표와 자가면역 그리고 거울 단계라는 세 가지 개념에 집중하고자 한다. 이들 개념은 문화와 타자 그리고 자아를 논의하는 데 있어서 자주 동원되고 그런 만큼 그 의미가 명확히 확정된 것으로 여겨지지만, 이는 또다시 되살필 필요가 있는 기준점들로 보인다. 여기에서의 문제의식은 우리가 이들 개념을 통해 오늘의 이론이 문화와 타자 그리고 자아에 대해 제안하는 조언의 내용과 유효성을 면밀히 재점검하고, 궁극적으로 이러한 과정 속에서 오늘의 이론 체계 자체에 대해 반성적으로 성찰하고 또한 그 잠재성을 탐문해야 한다는 것이다.

탈위로의 인문학

인문학이라는 포괄적 영역을 논하는 경우 오늘날에도 지속되는 사안은 인문학이 항상 입문적이고 개론적 수준에서 시작하고 또 거기에 머물기를 바라는 주문이다. 이는 인문학은 당연히 모두가 쉽게 이해할 수 있는 학문이어야 한다는 출처를 알 수 없는 믿음과 강요 때문이다. 물리학이나 경영학 분야보다 인문학 분야에 이러한 주문을 하는 것은 이들 분야가 일반인이 범접할 수 없는 체계를 구축하고 있기 때문일 것이고, 이런 만큼 오히려 현실 세계와 우리의 삶에서 상당히 멀어져 있다는 느낌이 들기 때문일 것이다. 이런 까닭에 일반인이 주로 인문학에 기대하는 것은 쉽게 다가오는 위로의 담론이다.

인문학 또한 지난 몇천 년 동안 학문적 깊이와 전문화를 이루어왔으며, 이는 결코 단점이기보다는 업적임에 분명하다. 또한 인문학이 소위 일반적 차원에서 자신의 논의를 제시하는 경우에도 해당 분야에서 전문적이자 치열한 연구에 바탕해야 함은 당연한 요구이다. 이런 점에서 인문학이 항상 모두가, 모든 수준의 일반인이 접근 가능한 수준에서 전개되길 바라는 것은 부당한 요구이다. 오래전의 언급이지만 아도르노(Theodor

Adorno)는 미국 영화 제작에서 항용 들리는 조언 가운데 하나로 영화는 열한 살의 아이가 이해할 수 있는 수준이어야 한다는 말을 전한 바 있다.[1] 이것이 아직도 유효한지는 전적으로 수긍할 수 없다 하더라도, 세간에는 인문학에도 이와 엇비슷한 주문이 요구되고 있다는 느낌을 지울 수 없다.

하지만 일반 독자의 인문학 수준이 결코 낮은 것만은 아니다. 아인슈타인은 자신의 상대성 이론을 설명하는 책의 서두를 다음과 같이 시작한다.

> 이 책은 일반적인 과학과 철학의 관점에서 상대성의 이론에 관심을 갖고 있지만 이론물리학의 수학적 장치는 깊이 있게 알지 못하는 독자들이 상대성의 이론에 대해 가능한 한 정확한 식견을 갖게 해주는 것을 목적으로 쓴 것이다. 이 책은 독자가 대학입학자격시험을 칠 수 있는 정도의 교육 수준을 갖추었다고 전제한 가운데 쓰였다. 또한 이 책은 얇은 책이긴 하지만 독자가 읽으려면 참을성과 의지력을 꽤 많이 갖고 있어야 한다.[2]

여기에서 아인슈타인은 자신의 이론이 최소한 "대학 입학자격 시험을 칠 수 있는 정도의 교육 수준"에서 이해될 수 있다는 양해를 구하고 있다. 필자로서 아인슈타인은 이러한 수준이 전제된 독자가 이해할 수 있도록 노력을 하고, 동시에 독자 또한 저자에 상응하는 "참을성과 의지력"을 요구하고 있는 것이다. 하지만 독자의 이러한 참을성과 의지력에 의해 아인슈타인의 특수 상대성과 일반 상대성 이론이 이해될 수 있을지는 의문으로 남는다.

물론 오늘의 일부 난해한 인문학이 아인슈타인의 이론에 버금가는 업적을 이루고 있어 그만큼 어렵다는 것은 결코 아니다. 아무튼 아인슈타인이 자신의 이론을 일반 독자가 최대한 이해할 수 있는 수준에서 설명한다고 했을 때 그의 요구 기준에 이미 우리나라의 많은 독자들은 충분히 부합하고 있는바, 인문학 읽기에 있어서도 나름의 노력을 투여할 것으로 기대된다. 비록 인문학의 다양한 논의들이 아인슈타인의 기념비적 이론에 근접할 수 없다 해도, 독자 스스로의 적극적 독해가 읽기를 완성한다는 것은 인문학이 특히 강조해온 바이기도 하다. 인문학 자체가 삶에 대한 포괄적 학문인 만큼, 개인 스스로의 적극적 개입이 없는 공부는 인문학에 대한 이해와 실천에 있어 온전하다고 할 수 없을 것이다.

다른 한편으로 우리는 일반 독자의 인문학에 대한 관심과 이해 수준이 상당하다는 사실에 놀라움을 경험할 수 있다. 여기의 이런저런 생각들은 전문적 연구에 의존하고 있지만, 이 작업 가운데 일부는 인터넷 공간에서 국내외의 수많은 사람들이 인문학적 지식에 대해 주고받은 자료 또한 참고하였고 선별적으로 도움을 받았다. 기초 교육 수준의 모든 이들은 아무리 심오한 인문학적 논의에 대해서도 상당한 궁금증과 나름의 대답을 찾고자 노력하고 있으며, 오늘날 다양한 종류의 공간과 조건 속에서 무엇보다도 의문으로 남는 사안에 대한 궁구를 우리 모두가 함께하고 있다는 것은 큰 위안이자 진정한 위로로 다가온다.

Ⅱ

부유기표-탈구조의 논리

1. 실존에서 구조의 공간으로

일반적으로 언어, 특히 단어(기호)는 발음으로서의 기표(記標, signifiant, signifier)와 의미로서의 기의(記意, signifié, signified)가 함께 하는 것으로 설명된다. 이러한 구도에서 유의할 점은 기의 즉 뜻은 사물과 사태에 대해 우리가 머릿속에 갖고 있는 개념일 가능성이 높다는 것이다. 일반적으로 '학교'라고 한다면, 그것은 외부의 구체적 존재를 지칭하기보다는 학교라고 하는 것에 대해 우리가 갖는 개념을 총칭한다는 것이다. 이러한 상황은 '자유'나 '정의,' 혹은 '민주주의'와 같은 개념어들이 그야말로 외적으로 존재하는 대상이기보다는 우리가 내면에서 설정하고 공유하는 개념들이라는 사실에서 한층 잘 확인된다. 기호의 내면에는 하나의 기표와 하나의 기의가 짝을 짓고 있지만, 그 관계는 필연적이지 않다. 한편으로 '책'이라는 발음과 다른 한편으로 지금 이 책 자체 혹은 책 일반의 개념 사이에는 서로 상응하는 아무런 유사성이 없다. '소'와 같은 경우 그 글자 모양이 탄탄한 소와 비슷하다고 생각할 수 있는 것은 잠시 잠깐의 느낌에 지나지 않는다. 한 쌍의 기표와 기의는 필연적 관계에 의한 결합이 아니라 매우 임의적인 결합의 결과물이다. '임의적'이라 함은 둘의 관계가 아무런 내적 연관성 없이 결정되었다는 것이다.

이는 지난 세기 초의 위대한 언어학자 소쉬르(Ferdinand de Saussure, 1857~1913)가 언어를 설명한 방식 가운데 하나로, 그것이 갖는 함의가 여타 분야에 폭넓게 활용되면서, 그의 커다란 업적 중 단연 돋보이는 틀이었다.[3] 그의 언어학은 수많은 언어의 발음들을 '기표'로, 그 의미를 '기의'로 통칭하면서 언어의 기본 골격을 추출해내었다. 이것은 복잡한 사물과 사태의 세계를 가장 단순한 논리로 요약하는 데 있어 하나의 전범이 되기에 충분하였고, 이후 이 단순한 논리는 구조주의라는 큰 사유 방식의 주춧돌이 되었다. 물론, 구조주의가 소쉬르의 생각을 이어받아 곧바로 발현되어 전개되지는 않았다. 소쉬르와 구조주의 사이에는 전혀 다른 방향을 지향하는 사유 방식이 있었고, 둘은 이를 넘어서 다시 만날 수 있었다.

실존주의로 범칭되는 그 사상은 "실존이 본질에 앞선다(L'existence précède l'essence ; Existence precedes essence)"는 언명에서와 같이, 인간은 어떤 본질(essence)이 이미 주어진 채 그것이 개화하는 것이 아니라, 오히려 스스로의 본질을 만들어가는 존재임을 역설한다.4) 인간은 어떤 본질에 따라 그대로 성장하는 것이 아니라, 오히려 자기 가치를 스스로 만들어가는 존재라는 것이다. 여기에서 인간은 자신이 먹을 음식을 스스로 차리는, 자기 자신을 위한 테이블 세터(table setter)이다. 이전 시대 칸트는 정확한 시간에 동네를 산책한다는 기율을 스스로가 정하는 자율에서 강제가 아닌 자유를 확보하였다. 이는 인간이 자신에게 법칙을 부과하는 존재임을 보여주는 매우 선명한 은유이다.

물론, 실존주의 또한 순전한 개인주의적 철학은 아니다. 그것은 개인의 상황 인식과 대처에 천착하면서 이를 인간 삶의 보편적 논리로 삼고자 한다. 이것이 사르트르(Jean Paul Sartre, 1905~1980)의 현실참여(앙가주

망, engagement), 그 이전에 하이데거(Martin Heidegger, 1889~1976)의 바깥 세계로 열린 인간의 실존성 등이 갖는 문제의식이다. 이러한 문제의식은 개인적 실존의 문제에서 출발한 실존주의가 단지 개인적 차원에 머물지 않고 부단히 개별 수준을 넘어서는 보편적 법칙을 찾아내고자 하는 의지를 반영한다.

일견 극단적인 개인적 실존에 천착한 실존주의 역시 인간의 보편적 실존 양상에 대한 탐구를 지향했다면, 구조주의는 그 출발점 자체가 인간 연구에 있어서의 보편성에 대한 숙고에 있었다. 사회과학적 계보에 있어서도 레비스트로스(Claude Lévi-Strauss, 1908~2009)의 인류학은 뒤르켐(Emile Durkheim, 1858~1917)의 사회학이 갖는 경계를 넘어 그 외연과 논리를 한층 더 확대하고자 하는 의지 또한 담고 있음을 보여준다. 구조주의는 자연과학과는 다른 차원에서 동일한 수준의 보편성을 인간에 있어서도 추출할 수 있다는 명제 위에서 자연과학과 구별되는 인문과학의 영역을 획정하면서 출발한다. 이를 위해 구조주의는 인간이라는 것을 가능하게 하는 것으로서의 문화적 공간에 주목하면서, 동시에 이러한 문화적 공간이 각 개인의 내면적 의식 더 나아가 지능이나 두뇌 구조의 기저를 결정하고 있다는 것을 강조한다. 이렇게 인간의 문화적 공간과 의식 작용이 동일한 선상에서 파악되면서, 구조주의적 인간학의 보편성은 그 포괄성을 넓히고 있다.

진정한 학(學), 혹은 과학(科學)을 지향하지만 구조주의는 자신의 대상이 자연 현상이 아니라 인간 현상임을 분명히 한다. 구조주의는 자연 현상에 대한 연구에 버금가는 수준에서, 인간, 인간의 문화, 그리고 인간 의식을 대상으로 하는 학을 이루고자 하는 의지를 갖고 있다. 이렇게 자신의 연구 범위를 인간에 대한 학, 즉 인간학으로 설정하는 바에 따라 구조주의는 자연과 문화의 구별에 그 학문적 출발점을 둔다. 레비스트로스의 구조주의 인류학이 그 시작점에서 친족관계론에 집중한 것은 자연 세계로부터 인간의 삶이 구별되는 지점을 포착하기 위한 것이다.

2. 문화의 틀

틀 하나 — 근친상간 금기의 집

레비스트로스의 이론에 따라 대략적으로 말하자면, 자연 속에서 여타 동식물에 비해 상대적으로 인간이 자신의 장점으로 정교화한 것은 집단 형성을 위한 의사 교환 수단인 언어이다. 물론 생존과 후대를 위해 가장 필수적인 것은 음식과 성이라 할 수 있고, 음식 그리고 성의 교환 역시 중요한 의사 교환의 차원을 갖는다. 이러한 의사 교환의 목적은 상호 이해와 호혜를 바탕으로 집단을 형성하여 생존력과 계속성을 확보하고자 하는 데 있다고 평가된다. 이런 가운데 그가 특히 근친상간(近親相姦, incest) 금기 문제에 대해 주목한 이유는 그것이 자연과 구별되는 인간세계의 경계지점으로 간주되기 때문이었다.

레비스트로스에 따르면 인간의 문화가 근친상간을 특히 경원시한 이유는 이러한 금기의 틀을 기반으로 조성된 일종의 의사 교환 체제를 통해 상호 호혜를 진작시켜, 한층 폭넓은 집단을 형성하고 그 지속성을 제고하고자 하는 인간의 의지에서 찾아진다. 부모와 자식 간의 관계가 어떻든 생물학적 연계에 속한다면, 결혼은 훨씬 선택적이자 인위적인 사안으로 문화적 기재이며, 이를 통해 인간은 횡적 연대(alliance)를 확대해나갈 수 있었다. 인류학에서 이러한 '연대론'의 기원은 영국의 인류학자 타일러(Edward Burnett Tylor, 1832~1917)의 논문(1889)[5]에 있다. 레비스트로스는 이를 이어받아 훨씬 더 그 의미를 확대해나간다.

레비스트로스에 따르면 근친상간의 금지의 범위는 친족관계에 의해 정해지며, 그것은 문화에 따라 상대적 차이를 보이고, 친족관계망은 근친상간의 기준을 정하고 이를 규율하는 도표로서의 역할을 하게 된다. 이전 세대의 프로이트가 소포클레스의 『오이디푸스』에서 오이디푸스 콤플렉스의 내면화를 기반으로 확립된 위계질서의 문화를 논했다면, 레비스트로스는 사회적 차원에서 근친상간의 금지가 어떻게 문화의 보편적 논리로 작용하고 있는지를 보여준다. 그의 구조주의에 따르면, 근친상간의 금지는 개인의 원초적 내면보다는 사회적 관계 즉 공동체 구성원 간의 상호 호혜의 구조가 낳은 규율에 더 가깝다. 레비스트로스의 인류학은 성적 욕망을 무엇보다도 사회적으로 발현되고 실행되는 차원에서 접근하고 있으며, 이에 따라 한 개인의 성욕은 타자와의 관계를 설정하는 데 매우 중요한 사회적 활동으로 파악된다.

틀 둘 — 기호와 언어의 집

친족체계를 통해 자연 세계와 다른 질서를 구축한 인간의 문화적 망을 연구함에 있어 레비스트로스는 가장 중요한 도구이자 대상으로 언어에 주목한다. 일차적으로 언어만큼 자연과, 더 나아가 인간 이외의 동물과 인간을 구별해주는 기준을 찾기는 쉽지 않다. 언어는 인간의 여타 동물과의 변별적 자질, 인간의 문화적 수준, 그리고 인간의 내적 능력을 보여주면서, 문화 현상과 인간 내면을 잇는 가교로 주목받기에 충분하다. 이렇게 언어는 가장 전형적인 문화 형식으로 인정되면서, 언어에 대한 분석은 그 자체로 문화에 대한 분석으로 이어지고, 한 걸음 더 나아가 언어에 대한 연구 즉 언어학은 문화 법칙에 접근하는 과정에서 유보적 부분도 있지만 그 학문적 깊이와 폭에 있어 많은 참조점을 제공한다.[6)]

앞서 살핀 바와 같이 소쉬르의 언어학은 문화적 현

상으로서의 언어 즉 기호를 기표와 기의의 복합체로 파악하고 있다. 그 기의가 외부 사물이라는 지시대상(referent)이기보다는 그것에 대한 일반적 개념인 것을 감안한다면, 언어와 기호, 그리고 기의 모두 이미 인간의 문화적 영역에 속한다. 극단적으로 말하자면 언어적 개념은 자연 세계의 사물을 우리가 인지하는 존재로 현존하게 한다. 언어는 외부 환경과는 확연히 구분되는 차원에서 스스로의 법칙을 갖는 공간이다. 이를 설명하기 위해 소쉬르는 체스와 열차 그리고 마을의 거리 이름과 같은 몇 가지 인상적인 예를 든다.[7] 체스 게임에서 중요한 것은 그 규칙과 각각의 체스피스가 맡은 역할이다. 정작 체스피스 자체는 상아로 만든 것이든 나무로 만든 것이든 상관이 없다. 오후 8시 25분 제네바발 파리행 열차는 실제로는 전혀 다른 열차일지라도 그것이 지칭하는 바는 일정하다. 또한 현실적으로 마을의 거리 자체는 이런저런 크고 작은 변화가 있지만 거리의 이름은 변함이 없다. 이러한 예를 통해 소쉬르가 강조하는 것은 언어가 외부 사물에 대해 매우 간접적인 매개속에서 작동한다는 점이다. 만약, 실제에 있어 '8시 25분발 열차'가 출발하거나 도착하지 않았다고 해도 우리는 '8시 25분발 열차'로 그 부재하는 열차를 지칭하면서 말을 이어간다. 조금은 억지스런 면도 있음을 부정할 수 없지만, 이와 같은 주장의 의도를 감안한다면 상당한 수긍이 가능하다.

사실 언어의 기원과 기능 그리고 인간의 언어 능력에 관한 논의에 있어 소쉬르만이 독보적인 것이 아니다. 우리는 소쉬르에 버금가는 언어학자로서 촘스키(Noam Chomsky, 1928~)를 떠올리지 않을 수 없다. 심층구조(deep structure)와 변형생성문법(transformational generative grammar)으로 대변되는 그의 언어이론은 인간의 언어 능력을 내재적이자 본래적인 차원에서 접근하고 있어, 소쉬르의 구조주의적 언어이론과 어떤 대척점을 형성하는 것으로 파악되는 것은 정당하다.[8] 하지만 소쉬르는 언어의 내면적 기원에 대한 탐구를 심리학 분야의 임무로 맡기는 한편, 주로 언어가 우리에게 다가오는 방식을 논하고 있다는 것에 유의할 필요가 있다. 그는 인간 뇌에 있어 언어 지각과 생성을 주관하는 브로카 영역(Broka's area)을 논하면서도, 언어가 우리에게 다가오는 방식은 내재적이기보다는 사회문화적 환경에 있음을 강조한다.[9] 이런 점에서 소쉬르와 촘스키의 언어관은 그 연구 방향에 있어 차이를 보이며, 인간이 언어 능력 혹은 체계를 갖고 이러한 언어 세계 내에서 거주한다는 논점에 있어서는 상호 대척점을 형성한다고 할 수 없을 것이다.

틀 셋 — 이항대립

인간의 언어 세계 즉 문화적 체제는 이제 자연 세계에서 분리된 순수 자기 원리에 의해 영위되는 공간으로 이해되고, 그 법칙은 가장 복합적 문화 현상인 언어 원리의 원용에 의해 이해될 수 있다는 확신이 생성된다. 소쉬르 언어학의 언어 분석과 법칙화는 기표 체계가 그 내부 요소 사이에 존재하는 변별적 자질에 의해 구축된 것임을 강조한다. 하나의 기표(가령, 소와 쇼)는 단지 둘을 구별할 수 있다는 조건을 출발점으로 한다. 이에 따라 기표에 이어진 기의(가축인 소와 공연인 쇼)는 기표와 아무런 필연적 관련이 없이 단지 한 기표가 다른 기표와 구분 가능함에 따라, 그리고 하나의 기표에 하나의 기의가 임의적이자 수동적으로 쌍을 이루는 언어 관례에 의해, 판별되고 형성된다. 기표의 상호 변별적 자질(辨別的 資質, distinctive features) 가운데 가장 전형적인 것은 이항대립

(二項對立, binary opposition)으로, 언어학에서 유성음('ㄱ')과 무성음('ㅋ')의 구별이 대표적이라 할 수 있다. 이러한 기표의 이항대립과 함께 기의 차원의 이항대립 또한 설정되면서, 개념과 문화 세계 구축의 기본 법칙으로 작용한다.

달리 말하자면 언어학의 구도를 바탕으로 구조주의는 인간 문화와 의식 체계에서의 이항대립이라는 최소 법칙을 자연과학에서의 최소 입자와 그 관계들에 버금가는 가장 근본적 원리로 채택한다. 하늘과 땅, 밤과 낮, 남자와 여자, 안과 밖 등에서 발견되는 단순한 이항대립적 관계는, 앞서 살핀 자연과 문화의 이분법에도 반영되어 있으며, 매우 복합적인 현상에도 그대로 내재되어 있다. 내부의 골격을 쉽게 파악할 수 없는 지극히 복잡한 현상마저도 그 근저에는 가장 단순한 이항대립의 구조를 가질 뿐이라는 것이다. 앞서 살핀 '기표'와 '기의'라는 구도는 정확한 의미의 이항대립의 예는 아니지만, 이 역시 복합적 현상의 전형성에 주목하면서 이들을 대립적으로 단순화하는 작업으로서 분명 구조주의적 논리의 선두에 있기에 충분하다.

3. 틀의 바깥

기표의 우위

구조주의는 자연과 문화의 구분에 의해 스스로의 연구 대상을 문화로 한정해나가듯이, 기의와 기표의 구분에 이어 기표에 더 무게 중심을 두는 수순을 밟는다. 이런 점에서 구조주의는 언어학에서의 변별적 자질 혹은 이항대립에서와 같이 순전한 의미에서의 이항대립의 이론이기보다는 어느 하나에, 즉 기표와 문화를 기의와 자연보다 앞세우는 이론이다. 구조주의가 기의보다는 기표에 더 집중한 이유는 앞서 언급한 바와 같이 기표가 인간의 영역, 즉 문화의 공간을 대변하는 기재이기 때문이다. 기의 또한 사물 자체이기보다는 사물을 대변하는 개념인 만큼, 사물 자체에서 한 차원 거리를 갖고 있는데, 이러한 기의로부터 기표는 또 한 차원을 달리한다. (이는 플라톤이 이데아 세계를 모방하는 장인[匠人]의 기술을 다시 모방하는 까닭에 추방한 시인—즉 시적 작업은 이데아 세계로부터 두 차원이나 떨어진 것이라는 논리에서 추방한 시인—과 그 세계의 귀환이라 할 수 있다.) 이러한 과정을 통해 기표는 인간의 문화로서의 그리고 인간이 공유하는 의식 체계로서의 지위를 부여받게 된다.

기표는 인간학의 근간으로 독립적 지위를 획득하면서, 한 걸음 더 나아가 절대적 프레임이자 스펙트럼으로서의 위상을 점하게 된다. 사물에 대한 개념으로서의 기의에 임의로 연계된 차원에서 상정된 기표는 이제 한층 절대적 위력 속에 기의를 호출하고 그것에 존재성을 부여하는 적극적 능기로 등극한다. 기의와 기표의 임의적 관계는 또 기표 편에서의 일방적 힘에 의해 형성된다는 논리를 드러낼 수밖에 없다. 구조주의에서, 전반적으로 레비스트로스의 구조주의에서 기표가 기의를 뒤로하고 스스로 독립적인 논리와 힘을 발휘하면서, 기표의 위치는 기의보다는 기표 체계에 의해 정해진다. 이는 단지 언어의 기표/기의 관계에 한정되지 않는다. 가령 친족 관계에 있어 조카들에게 자신이 작은아버지인 경우 누구에게나 그렇지는 않고, 관계에 따라 스스로가 아버지도 되고 아들도 되며 사위도 될 수 있다. 나에 대한 기표적 표현은 내 육체적, 물질적 정체성과는 별도로 명명되고 유통되며, 나는 항상 관계망 속에서 달리 호출되는 것이다. 기표는 기의와 물질세계를 호출하면서 자기 나름의 논리 속에 편입시키고 변용해나간다.

기표의 과잉

레비스트로스는 기표 공간의 우위, 더 나아가 과잉을 지적한다. 물론 이는 소쉬르 이후의 언어학이 자연 세계의 여러 대상을 일종의 언어 현상으로 파악하면서 점차 기호론적 차원을 갖게 된 과정과 유사하게 설명할 수 있다. 그것은 기표와 기의의 합인 기호의 영역이 개념의 세계로서 자연 세계라는 물자체의 세계와 확연히 구별되는 결과(8시 15분 열차는 실제와 상관없이 기호로서 안정적으로 존재한다는 논리) 앞에 좀 더 신중한 태도를 취하는 것이라 할 수 있다. 레비스트로스는 기호계의 자기 충족성에 대한 의구심을 설명하는 데 있어 단순치 않은 방식을 취하고 있고, 이러한 과정과 그것이 갖는 이론적 함의는 좀 더 살필 필요가 있다. 우리는 우회적 점검을 통해 레비스트로스가 문화적 기표에 집중하는 이유가 자신의 이론 구축에 있어 갖는 자신감보다는 신중함에 기인한 것임을 알 수 있을 것이다.

자연과학에서의 정확성 혹은 사실성을 문화과학에 이

식하고자 한 레비스트로스는 후자에서 사용되는 표현들에 있어 기표와 기의 사이가 일대일의 대응관계를 넘어서는 부등치의 상황에 직면해 있다고 판단한다. 문화과학자 즉 인문사회과학자는 자신의 인지 도구로서의 기표에서 출발하고 이에 의존해 기의에 접근하고 있는바, 기표를 기의에 한층 더 정확히 일치시키는 작업의 필요성에 직면하게 되는 것이다. 어차피 기표와 기의는 임의적 관계에 있지만, 이런 가운데서도 자연과학은 최대한 기표와 기의의 투명하고 안정적인 구조를 상정하면서 기의 그리고 이를 거쳐 당도한 물질계에 대해 말하는 학문이다. 반면, 문화과학은 인간의 삶에 있어 기표계 자체가 기의와 물질계 못지않게 중요한 역할을 하고 있다는 믿음 속에서 우선 기표계 자체에 대한 숙고에서 출발하고자 한다.

자연과학 기표계와 인문과학 특히 문화과학 기표계의 차이는 어디에서 연유하는가? 자연과학에서 빛을 연속적 파동과 불연속적 입자라는 기표로 설명하고자 할 때 제기되는 논리적 모순은 일상적 이해의 임계점에 있었던 것은 사실이다. 하지만 이렇게 극단적인 경우 또한 이제는 주어진 기표와 우리의 인지 작용의 한계 내에서도 그 설득력을 발휘하고 있다. 반면, 문화과학에서의 기표는 물질계 내지는 자신의 연구 대상 앞에서 한 걸음 떨어진 이차성을 갖고 있는 가운데, 기표의 다양한 함의에 주목하면서 적전분열(敵前分裂)이라고까지 해야 할 모호성을 노정하는 것이 오히려 일반화되어 있다. 그 이유는 한편으로 자연과학과 달리 문화현상에 대한 인간 지식의 한계가 더 크다는 것이고, 다른 한편으로 문화과학은 기표 자체의 위상에도 더욱 주목해야 한다는 문제의식을 갖는바, 자연과학과 달리 스스로의 기표에 대한 조심스런 접근과 함께 그 기의와 외부 세계를 탐문하는 과정을 거쳐야 한다는 것이다. 이런 까닭에 문화과학은 뭍의 학문이기보다는 움직이는 바다 위의 배에서 배와 바다 그리고 뭍에 대해 연구해야 하는 고투의 장에 위치한다.

기표의 부유, 혹은 닻 없는 기표

소쉬르가 강조한 기표와 기의를 잇는 관계의 임의성과 함께, 기표계 내의 변별적 자질에 의한 의미형성 체계는 그 부단한 운동성과 더불어 모호성을 낳지 않을 수 없다.

수많은 좋은 문학 작품 특히 시 형식은 기표의 운동성이 가장 선명하게 발현되는 공간이다. 이렇게 운동하는 기표는 결국 새로운 의미 즉 가치의 창출을 위한 움직임 속에 있으며, 부유기표의 임의성과 복합성은 존재론적이기보다는 최적의 변별적 기의를 확보하고자 하는 운동 과정이라는 것도 또한 놓칠 수 없다.

기표의 과잉에 대한 위와 같은 논의는 레비스트로스가 존경하는 선배 인류학자인 모스(Marcel Mauss, 1872~1950)의 「선물론」(혹은 「증여론」, Essai sur le don: forme et raison de l'échange dans les sociétés archaïques, 1925)을 평가하는 글에서 제시된 것이다. 모스의 논문에서 특히 눈에 띄는 것이 '혼'('mana' 혹은 영[靈])에 대한 논의이다.[10] 이 '혼'은 신적이거나 초자연적인 어떤 힘과 능력을 포괄하는 매우 범박한 개념으로 폴리네시아 등의 지역에서 널리 그리고 달리 표현되는 개념을 대표하는 용어이다. 세계에 편재하는 비인격적 힘에 대해서, 특히 종교적 숭배의 대상이 되는 토템이 갖는 힘에 대해서는 이미 뒤르켐(Emile Durkheim, 1858~1917)이 그의 주저인 『종교생활의 원초적 형태』(*Les Formes élémentaires de la vie religieuse*, 1912)에서 자세히 논의한 바 있다.[11] 뒤르켐은 개인이 상정하고 또 상당한 기대를 거는 비인격적 힘은 사실 자신이 속한 사회 자체에 대한 기대로 해석될 수 있다고 설명한다. 우리는 여기에서 사회학자로서의 뒤르켐의 면모를 거듭 확인할 수 있다.

모스가 원초적 사회에서는 사물에 혼이 깃들어 있는 것으로 여긴다는 논리에 주목한 이유는 선물 증여의 구조를 완성하기 위한 노력에 있다. 20세기 전반기에 모스가 단지 하나의 논문으로 제시한 선물론이 오늘에도 많은 논의를 이어가고 있는 것은 그것이 갖고 있는 문제의식과 함의로 인해서이다. 범박하게 요약한다면 모스는 '선물'의 증여 행위는 현실에 있어 그 개념적 정의와 다른 모습으로 행해진다는 것을 강조한다. 반대급부를 기대하지 않는 선물 행위는 사실 현실적으로는 존재하지 않으며, 최소한 시간적 격차를 갖고 보답해야 할 의무감을 부여하는 것이 선물 행위라는 것이다. 여기에서 새삼 다시 부각되는 것이 교환 과정이 갖는 상호 호혜의 긍정적 측면이다.

왜 선물을 주고 받고 다시 보답하는 과정에 어떤 의무감이 개입하는 것일까? 이러한 의문에 대해 모스가 하나의 답으로 제안하는 것은 선물로 제공된 물건에 일종의 혼이 깃들어 있다고 생각한다는 것이다. 특히 기존 소유자의 혼이 깃들어 있다는 믿음에 의해 선물 수혜자가 부담감과 부채의식을 갖고 이에 따라 나름의 선물을 마련하여 갚아나가려 한다는 것이다. 종합하자면, 선물 증여 행위를 수행하는 원초적 사회 그리고 이를 설명하고자 하는 모스 모두 선물 증여의 과정에 작용하는 어떤 힘과 '혼'이라는 분명치 않은 개념을 도입함으로써 문화 현상을 설명하는 데 있어 나름대로의 이론적 일관성을 설정하고자 한 것이었다. 모스는 선물론을 통해 인류사에서 교환은 매우 깊고 다양한 의미의 층위를 갖는 행위였으며, 이런 점에서 냉혹한 자본주의적 교환 체계는 인류사에서 유일한 것도 가장 바람직한 것도 아닌 형태임을 역설한다.

모스가 원초적 사회에서 선물 교환을 이끄는 주요 에너지로 물건의 '혼'을 상정하는 것은 미완의 논리 과정을 어떻게든 완성하려는, 단지 '융통성 있는' 개념이 아닌지 재점검될 필요가 있다. 이와 함께 선물 교환의 에너지를 물건의 혼 혹은 힘이라 통칭할 수 있는지에 대해서도 의문이 제기되어왔다. 레비스트로스의 평가에 따르면, 특정 현상들에 대한 지칭에 있어 이렇게 범박한 통칭에 의해 발생하는 문제점은 지칭되는 대상 자체에 기인하지 않는다. 오히려 그것은 우리에게 배당된 기표가 정확한 기의를 확정하지 못하는 상황을 대변한다. 모호한 개념과 대상을 지칭하는 '혼'은 문화 지식체계의 불완전성에서 발생하는 '부유기표(floating signifier)'의 대표적 예이다.[12] 레비스트로스는 부유기표의 발생 요인으로 기표의 과잉(특히 다수의 기표가 연계되어 네트워크를 형성함으로써 발생하는 거의 무한에 가까운 기표적 변용), 혹은 기표의 운동에서 발생하는 기표적 잉여를 언급하고 있지만, 이러한 설명의 설득력을 뒤로한다면 이는 어떻든 기표가 포괄성의 과잉이나 적확성의 결여로 인해 온전한 차원의 기표·기의 대응관계를 확보하지 못한 상황으로 이해할 수 있다.

다른 차원에서 접근한다면, 이러한 부유기표에는 어떤 특정한 기의가 없다는 점에서 '상징결여 기표(zero symbolic value)'이기도 하다.[13] 그러므로 일부 원초 사회에서 '혼'이라는 통칭은 문화 세계 내에서 주어진 기표로 표현할 수 없는 경우 동원되는 궁여지책의 기표로서, 사실 진정한 의미의 충실한 기표로서의 자격 기준에 미치지 못하는 기표이다. 레비스트로스가 평하고 있는 모스의 저작은 선물과 같은 물건의 교환 혹은 소비가 어떻게 잉여 가치를 산출하는가를 보여주었다. 사회 구성원 상호 간에 행해지는 물건의 교환이나 시혜는 자본주의 시장에서의 교환이 갖는 의미 이상의 차원을 갖는다는 것이다. 그것은 무엇보다도 의사교환의 일부로서 이러한 교환을 통해 물건의 부가가치 이상의 잉여를 낳는 과정으로 이어진다. 우리는 교환이 상호 호혜를 산출한다는 레비스트로스 이론의 근간이 모스의 이러한 연구로부터 연유하고 있음을 알 수 있다. 다만, 레비스트로스는 선물 자체가 호혜를 낳기보다는, 선물은 단지 상호 호혜를 위한 구조가 낳은 하나의 형식임을 강조한다. 즉 레비스트로스는 선물을 단독적 의미 단위가 아니라 단지 교환체계가 낳은 현상으로 파악하면서 구조주의의 논리를 재확인한다.

어떻든 레비스트로스는 교환이 낳는 사회적 호혜라는 잉여 가치를 상징 가치로 주목하는데, 여기에서 상징의 차원은 기표와 기의의 일대일 대응을 넘어서는 복수적이고 그런 만큼 잉여적인 의미 형성의 영역이다. 반복이지만 다시 한 번 소쉬르의 지침을 되새긴다면, 기호(sign)의 내면은 기표와 기의로 구성되어 있고, 둘은 비록 임의적이지만 최대한의 관례적 견고성을 담지하고 있다. 하지만 기호와 달리 '상징(symbol)'은 평화의 상징으로서의 비둘기나 교회의 상징으로서의 십자가, 그리고 더 나아가 유치환의 깃발이 상징하고자 하는 바와 같이 기호보다는 훨씬 두터움과 폭이 있는 그래서 일정한 모호성 속에 풍요성을 담고 있는 기재이다. 상징에 대한 레비스트로스의 접근 자체가 매우 이중적이라 할 수 있는데, 이는 한편으로 문화과학이 더욱 적절한 기표로 명확화 작업을 수행해야 할 대상이지만, 다른 한편으로는 문화의 생산적 차원을 담고 있는 기재일 수 있다는 여운을 내비치고 있기 때문이다.

부유기표는 기착점을 확정해야 할 대상이기도 하지만, 그것의 일정한 기능과 생산성을 부정할 수 없고, '혼'이라는 모호한 기표는 지속적으로 그 의미를 진단해 들어가야 할 탐구 대상으로서 문화 공간 내에서 생산성을 발휘하는 주체적 측면을 갖는다. 더불어 '혼'이라는 기표가 예증하는 모호성은 기표 기재에 있어 예외적 상황이 아니라 오히려 일반적 상황일 수 있음을 말해준다. 기표가 기의를 지칭함에 있어 갖는 중층적 스펙트럼은 일반적이자 필연적인 논리로 보인다. 여기에서 우리는 레비스트로스의 탈구조주의적 징후 가운데 하나를 만날 수 있는데, 이러한 징후는 그의 후기 저작들이 자연과 문화에 대한 초기의 전형적 이분법을 견지하고 있는지에 대해 의문을 제기할 수 있는 첫 디딤돌일 수 있다.

4. 부유기표들

예술 — 기표계의 경계 지점

레비스트로스는 이렇게 기표의 좌표가 확정되지 않는 부유기표적 특성이 기실 모든 예술적 창조 활동과 함께한다고 말한다. 지나가듯 얘기하고 있지만, 그는 부유기표가 사유의 한계를 말하면서도(그리고 이러한 점은 인문과학이 어느 정도 해결하고 있지만), 오히려 이러한 상황을 예술과 시, 그리고 신화적이자 미적인 창조의 원천으로 여기고 있다.[14] 여기에서 상징 기표는 명확한 사유에 의해 더욱더 분명한 기표로 나아가지 못하고 있다는 지적과 더불어, 주어진 기표체계 즉 문화체제 속에서 우리에게 인지된 상황을 최대한 표현하고자 하는 노력의 과정임을 놓치지 않으려는 레비스트로스의 심려도 감지된다.

어떻든 레비스트로스의 구조주의는 인간이 문화 영역 내의 존재임을 강조하고자 한다. 인간은 문화의 소산이고, 문화를 통해 자연과의 차별성을 높인 까닭에 더 인간적이고, 인간인 한에서 모든 인류는 보편적 문화성을 갖추고 있으며, 문화 지형에 따라 오직 그 외형적 발현 양태상의 차이를 보일 뿐이다. 이러한 문화 영역은 인간이 동원하는 기표의 부단한 순환에 의해 형성되고 유지되는 공간임을 재차 강조할 필요가 있다. 일면 구조주의의 공간은 기본 골격을 중심으로 형성되는 체계로만 이해됨으로써 그 실질적 내용물은 단지 부수적 요소들에 지나지 않는 것으로 여길 수 있다. 하지만 구조는 인체의 경우와 같이 그 내적 요소들의 부단한 운동과 생리학적 과정을 지속함으로써 유지된다. 앞서 살핀 의사 교환, 결혼 관계를 통한 부단한 친족 관계망의 확대 등은 구조가 구조로서 성립하고 또 유지되기 위한 양분의 순환에 비유될 수 있다.

구조 내 요소들의 운동을 보여주는 대표적 예는 역시 언어생활에서의 끊임없는 새로움에서 찾을 수 있다. 언어 체계 내에서는 일정하게 주어진 단어와 문법하에 어휘와 문장 단위의 새로운 변용이 무한히 진행되면서 언어의 현재와 내일을 펼쳐나간다. 또한 이러한 운동 가운데 기표는 활용과 원용을 넘나든다. 주어진 기표의 영역 속에서 우리는 기표를 다른 위치로 호출하면서 현실에 대한 올바른 이해, 혹은 새롭고 다른 이해를 추구해나간다. 이런 점에서 문화, 기표는 모두 부유하는 문화이자 부유하는 기표이며, 또 이러한 기착점 없는 부유는 기표의 속성으로 보이기도 한다. 우리는 여기에서 문화 즉 언어 세계와 자연 세계 사이의 경계를 가늠할 수 있고, 예술의 자리를 추측할 수 있으며, 구조 내에서 어떻게 새로운 생성이 가능한지를 관찰할 수 있다.

레비스트로스는 자신의 주요 저서와 대담 등 많은 곳에서 예술의 의미와 위치에 대해 언급하고 있다. 레비스트로스 그리고 인류학 전반과 미학과의 관계에 대한 와이즈만(Boris Wiseman)의 폭 넓은 탐문에도 불구하고,[15] 예술의 지점은 분명치 않다고 평가할 수밖에 없다. 그럼에도 예술이 향하는 방향에 대해 범박하게나마 가늠할 수 있는 것은 예술이란 기표와 기의가 주어진 각자의 속성을 최대한 확장하려는 노력으로 확인된다는 것이다. 이런 점에서 예술은 기표/기의 관계의 최대한

의 확장이다. 기표/기의 관계의 변경 지역에로의 여행은 주어진 법칙에 대한 활용과 위반을 넘나드는 외줄타기로 표현할 수 있을 것이다. 하지만 이것은 예술이 이 일정한 관계 혹은 법칙을 넘어선다는 것은 아니다. 한층 정확히 말하자면 예술과 예술가는 부단히 이러한 경계의 위치를 탐문하고 있다고 해야 한다. 따라서 이들은 그 위치를 어느 누구보다 더 잘 알고 있으며, 그것의 유목민적 유동성 또한 잘 알고 있는 전문인이다. 법칙의 확장과 위반을 위한 모색은 우선 그 법칙에 대한 인지와 체화를 기반으로 해야 한다. 예술과 예술가는 기표/기의 법칙 가운데 특히 이 양자의 임의성을 너무나 잘 알고 있고, 이들의 개인적, 사회적 재배분을 부단히 시도하는 활동으로 존재한다.

인류학 — 엔트로피학으로의 여정

레비스트로스의 논의에서 보이는 예술에 대한 이러한 자세나 주문은 그의 인류학적 연구에서 기표와 기의에 해당하는 문화와 자연을 구분 짓는 데 있어서도 동일한 욕망의 징후로 노정된다. 그의 『슬픈 열대』(*Tristes tropiques,*

1955)와 『야생의 사고』(*La Pensée sauvage,* 1962) 등의 저작에서는 구조화 혹은 구조화된 문화와 문명에 대한 논의 못지않게 이러한 과정 이전과 이후에 견고히 남아 있는 세계에 대한 겸손함이 배어 있다. 그 대표적 예로 그가 『슬픈 열대』를 마무리하면서 토로하는 고백을 들 수 있겠다. 여기에서 그는 인류학적 연구 대상이 되는 사회에 대한 소위 원시 내지는 미개 사회라는 일반적 지칭, 이런 가운데 서구 사회가 갖는 상대적 우월감 등은 단지 서구의 일방적 기준에 의한 것임을 강조한다. 인류의 문화가 자연 세계에 대해 갖는 변별성은 그 발현 양식이 매우 다양할 뿐 이들 사이의 절대적 비교 우위를 논할 수 없다는 것이 그의 입장이다. "세계는 인류 없이 시작하였고 인류 없이 끝날 것이다"라고 시작하는 마지막 장은 인간의 활동 즉 문화적 영역 역시 한층 넓은 물리적 세계에서 완전히 자유로운 것인지에 대해 자문한다.[16] 이는 우리로 하여금 마치 후기의 프로이트가 인간의 충동을 논하면서 인간에게 원초적 상태로의 회귀 본능 즉 물질세계로 귀환하려는 충동을 상정한 것을 떠올리게 한다. 레비스트로스는 최소한 인간을 넘어 동물의 세계와 식물의 세계 그리고 물리적 세계 일반을

포괄하는 사유 지평에 대한 그리움을 놓치지 않고 있는 것이다.

그렇다면 도대체 이러한 그리움은 어디를 향하고 있는가? 그는 이 지점에서 결국 모든 물리적 세계가 문화 또한 포괄하고 있음을 부정하지 않는다. 그에 따르면, 자연과 문화 모두 그 물리적 특성에 있어 관성과 기계의 차원에서 벗어나 있지 않다. 이런 점에서 그는 인류학(anthropology)이 아니라 포괄적인 물리적 세계의 법칙이라 할 수 있는 엔트로피학(entropology)이 더욱 높고 넓은 차원에서 한층 진화된 형식으로 학문적 포괄성의 확보를 위해 구축되어야 한다고 제안한다. 이런 점에서 인류학은 단지 세계의 외형(appearance)에 대한 연구에 지나지 않을 수 있다. 특히 이 결론의 마지막에서 그는 개인이 집단 속에 홀로 있지 않고 하나의 사회 역시 또 다른 사회들과 동떨어져 있지 않듯이, 인간이 우주에 홀로 존재하는 것도 아님을 역설한다.

레비스트로스에 따르면, 이런 까닭에 인간의 다양한 문화는 세상의 모든 심연에 도달해 있지 않고, 오직 그러한 차원으로의 무한 접근의 과정 속에 있을 뿐이다. 그는 인간이 물리적 필연이라는 막다른 골목에서 발견되는 틈들을 막아버리거나 단지 적절히 둘러대는 전술을 자신의 업적으로 삼으려는 충동으로부터의 자기 제어를 요구한다. 구체적 예시로 그는 가차 없는 물리적 과정 속에서 인간의 작업보다 더 견고한 광석, 책보다 더 미묘하게 퍼져나가는 백합 향기, 그리고 고양이와도 교감할 수 있는 자세 등등 인간의 생각과 사회를 넘어서는 실체들에 대한 관심을 역설한다. 여기에서 마주하는 것은 인간의 문화 현상에 대한 자만보다는 이러한 문화의 한계에 대한 겸손한 고백이고, 자연 세계와 문화에 관한 여하한 닫힌 사유에 대한 경계심과 경고이다.

이로써 이르게 된 유의점은 레비스트로스에서 문화는 분명 자연의 물적 세계에 대해 기호—인간의 개념적 처리에 의한 기의 그리고 이에 대한 음성적 처리인 기표로 형성된 망—에 의한 유격을 갖고 있고, 그런 만큼 자연 세계로부터 격리된 독립적 공간이라는 것이다. 한층 간략히 정리하자면 자연에 대해 문화는 기표적 관계 특히 부유기표적 관계에 있다. 여기에서 기표는 기의에 대해, 그리고 자연 세계에 대해 항상 떠다니거나 미끄러지는 상황에 처해 있다. 그럼에도 그 미끄러짐은 일시적 유희를 위한 것이 아니라 한층 적절한 기표와 기의의 정합성을 향한 움직임이다. 이러한 지향에도 불구하고 레비스트로스의 인류학은 자연 세계의 물리적 법칙으로부터 완전히 자유로운 것은 아니다. 그것은 소위 '상대적 자율성' 정도로 이해될 수 있을 것이며, 그의 학문은 자신의 외부 대상에 대한 겸손함 속에 한층 포괄적인 논리로 나아가고자 한다. 이러한 문화 공간의 상대적 자율성은 좀 더 깊은 논의를 요한다.

근친상간 금기 — 기피와 혐오 사이

레비스트로스의 인류학이 인간의 외적, 물리적 조건에 대해서만 반응하고 있는 것은 아니다. 그것은 인간의 내면화된 논리, 더 나아가 거의 생물학적인 본능에 대한 반응 또한 포함한다. 이 점은 다시 근친상간의 금기를 예로 들어 설명할 수 있다. 근친상간이 인류의 원초적, 즉 본질적 기피 대상이라는 설명은 생물학적 측면에서도 강조되어온 바 있다. 이러한 관점에서 이를 가장 체계적으로 연구한 고전은 핀란드의 인류학자인 에드바르드 베스테르마르크(Edvard Alexander Westermarck, 1862~1939)가 저술한 『인류 혼인사』(*The History of Human Marriage*, 1891)

이다.[17] 여기에서 유래한 흔히 영어식 발음의 웨스터마크 효과(Westermarck effect)는 인류가 근친과의 결혼을 기피하고자 하는 실마리를 유아기에 함께 생활한 상대에 대해 성적 매력을 느끼지 못하거나 혐오감마저 갖는 현상에서 찾는다.

생물체 일반에서 보이는 근친교배에 따른 열성유전자의 발현 즉 근교약세(近交弱勢, inbreeding depression) 현상은 실제로 인류가 경험할 수 있었던 것으로 보인다. 그런 만큼 근친상간은 오랜 시간에 걸쳐 인간의 내면에 거의 각인된 본능으로 여겨질 수 있다. 여기에서 제기되는 질문을 요약하자면 근친상간에 대한 혐오라는 본능과 그에 대한 금지라는 문화 사이의 관계이다. 둘의 관계에 있어 문화를 본능의 번역 차원에서 연결하고자 한 대표적 예는 에드워드 윌슨(Edward Wilson)의 『통섭: 지식의 대통합』(*Consilience: The Unity of Knowledge*, 1998)에서 만날 수 있다. 이에 따르면 "인간의 근친상간 행위는 여러 단계에서 방해를"[18] 받으며 문화는 그 가운데 한 단계이다. 윌슨에 있어 문화는 본능의 실현 방식, 즉 본능을 삶 속에서 실현하고자 하는 장치이다.

이보다 훨씬 앞서 프로이트는 인류의 금기에 관한 논

의인 『토템과 타부』(*Totem und Tabu,* 1913)에서 인간의 근친상간의 금기가 어떻게 '문화적으로' 구축되어왔는가를 설명하고자 하였다.[19] 물론, 프로이트가 근친상간의 금지에 대해 내린 결론은 지금 시점에서 판단컨대 그가 이론적 난관을 논리적 추론과 '상상력'이 함께한 방식으로 대처한 것으로 보인다. 근친상간의 금지 과정을 설명하기 위해 그는 원초적 상황을 신화적 상상력에 의해 복원하고 있는데, 이를 통해 아버지와 아들의 관계를 어머니를 둘러싼 갈등 관계로 파악한다. 그는 이러한 갈등 상황 속에서 형제들이 힘을 합해 아버지를 살해하고, 이후 자신들이 행사한 폭력을 후회하고 서로 간의 폭력을 반복하지 않기 위해 만든 금법이 바로 근친상간의 금지가 정립된 계기라고 설명한다. 이러한 결론은 그가 다윈과 베스테르마르크 등 관련 주제에 관한 수많은 문헌과 연구 모두가 갖는 한계를 논하고 또 다른 돌파구를 찾고자 한 노력의 산물이다.

프로이트는 베스테르마르크가 근친상간의 금기를 인간 본능에 의한 것으로 설명하는 것에 대해 유보적인 입장을 취하면서, 당대의 인류학적 보고를 결집한 프레이저(James Frazer, 1854~1941)가 이러한 주장에 대해 반박하는 논리를 길게 인용한다. 프로이트의 긴 인용을 다시 여기에 옮겨본다.

> 뿌리 깊은 인간의 본능에 대한 반응이 어째서 법에 의해 강화될 필요가 있는지 그 까닭을 설명하기는 쉽지 않다. 사람에게 먹어라, 마셔라, 불에 손을 집어넣어서는 안 된다. 이렇게 규정하는 법은 없다. 인간은 본능에 따라 먹고 마시고, 불에다 손을 넣으면 그 손을 뽑는다. 이것은 이런 본능을 무시할 때 오는 자연의 벌에 대한 두려움 때문이지 법이 내리는 벌에 대한 두려움 때문이 아니다. 법은 인간이 본능에 따라 저지를지도 모르는 것만 금지한다. 자연이 금지하고 벌을 내리는 것을 법이 또 금지하고 벌을 내릴 필요는 없는 것이다. 따라서 우리는, 법이 금지하는 것은 많은 사람들이 자연적인 경향에 따라 범하기 쉬운 것이라고 생각해도 좋다. 만일에 그런 경향이 없다면 그 같은 범죄는 생기지 않는다. 그런 범죄가 생기지 않는다면 그것을 금지할 필요가 어디에 있는가? 따라서 **근친상간의 법적인 금지에서 근친상간에 대한 선천적 혐오의 존재를 추론할 것이 아니라 자연적 본능이 근**

> **친상간을 지향한다고 추론해야 한다.** 그리고 법이라는 것이 다른 자연적 충동과 같이 이 충동을 억압하는 것이라면 그 근거는 자연적 충동의 충족이 사회에 해로운 것으로 결론을 내렸기 때문이라고 추론해야 마땅한 것이다. (필자 강조)[20]

이러한 인용 후에 프로이트가 내린 결론은 "근친상간 기피 심리의 원인이 본능에 있다는 견해는 버리지 않으면 안 된다"는 것이다.[21]

근친상간 금기에 대해 프로이트는 성에 대한 인간의 원초적 욕구, 최초의 여성으로서의 모친에 대한 성적 욕구, 이에 대한 부친의 금제, 아들 형제간의 합심에 의한 부친의 제거, 이러한 결과를 후회하는 제도화로서의 근친상간의 금기를 통한 평화의 회복과 유지 등의 추론을 제시한다. 이런 점에서 프로이트가 근치상간의 금기는 물론, 여타 모든 것을 성적 욕구로부터 추론해낸다는 비판에 직면할 수 있다면, 윌슨의 경우는 모든 것을 유전자 혹은 유전자 다양성으로 회부한다는 의문을 낳을 수 있다.

윌슨은 근친상간의 금기에 관해 베스테르마르크와

프로이트의 설명이 경합관계에 있고, 근본적 · 과학적 기준에 대한 자신의 묵시적 선호에 따라 오늘날 베스테르마르크가 더욱 설득력을 갖는다고 판결한다. 윌슨은 이에 대한 논의를 다음과 같이 끝맺고 있다.

> 인간은 웨스터마크 효과를 근친상간 금기로 번역하는 과정에서 순수한 본능에서 순수하게 합리적인 선택으로 이행하는 것처럼 보인다. 하지만 우리가 이런 경로를 정말로 밟고 있는 것일까? **도대체 합리적 선택이란 무엇인가? 그것은 대안적인 정신적 시나리오들을 궁리해보다가 최강의 후성 규칙을 만족시키는 시나리오를 문득 찾게 되는 그런 것이리라!** 인류가 수십만 년 동안 성공적으로 생존하고 번식하게 된 것도 이런 규칙들 그리고 그 규칙들의 상대적 힘의 위계 때문이다. 이런 근친상간 회피 현상은 유전자 · 문화의 공진화의 한 가지 사례로만 국한되지 않는 것 같다. 오히려 이 사례는 유전자 · 문화의 공진화가 어떤 방식으로 사회 행동의 전반까지 엮어내는지를 잘 보여주고 있는지도 모른다.[22] (필자 강조)

윌슨에게 합리적 규칙은 본능을 현시하고 이를 실천할 수 있도록 하는 기재로서 원초적 본능에 따르도록 하는 제2의 본능 즉 '최강의 후성 규칙'으로 귀착한다. 이런 점에서 유전자와 문화의 '공진화 관계(coevolution of genes and culture, 305-316)'는[23] 진정한 의미의 상호 공진화이기보다는 본능에 충실한 일원적 진화라 하지 않을 수 없고, 그가 제기하는 지식의 대통합으로서의 '통섭'은 인간의 문화 전반을 생물학적 기반에서 설명하려는 일방통행의 환원주의와 멀지 않다.

물론 우리는 근친상간의 금기를 인간의 본능적 반응이 사회 규칙화된 측면에서 접근할 수도 있을 것이다. 가령 윌슨은 『통섭』보다 훨씬 앞선 저작인 『인간 본성론』(*On Human Nature*, 1979)에서 인간의 성적 행위 일반을 유전자적 다양성(genetic diversification)을 위한 활동으로 정의한다. 이러한 구도 속에서 성적 만족은 유전자 다양성을 향한 생식이라는 목표를 달성하기 위한 사탕으로 파악된다.[24] 하지만 인간의 모든 문화적 활동을 해석하는 데 있어 가장 먼 근원에 원초적이자 최종적 권위를 부여하는 것은 재고가 필요하다. 진화를 예로 들어 설명하자면 이는 인류의 특성을 원생동물의 수준에서 찾는 것과 같은 오류를 범하고 있는 것일 수 있기 때문이다. 인간이 비록 이러한 본능 위에 진화하였다고 할지라도, 이후 각 단계는 거의 독립적 체계로서의 의의와 중요성을 부여받아야 할 것이기 때문이다.

생물학과 인류학의 논쟁적 만남 가운데 근친상간의 금기는 아직 그 위치와 내용을 확정하지 못하고 있는 것이 현재 상황이다. 이러한 만남의 좋은 예로 2000년도에 스탠포드 대학의 인류과학과(Department of Anthropological Sciences) 창립을 기념하기 위해 생물학과 문화의 관계를 주제로 개최한 학술대회를 들 수 있다. 근친상간에 관해 생물학과 인류학 분야의 전문가들이 함께 참여한 이 논의의 출간본에 붙여진 서론에서 볼 수 있듯이, 근친상간의 금기에 대한 생물학적 근거와 문화적 근거 사이의 상관관계에 대한 논의는 상호 매개와 반영 그리고 구체화(mediation, representation, localization) 등의 관점에서 모색되지만 아직도 현재 진행형인 모습을 보인다.[25]

이런 까닭에 이들 논의는 과연 근친상간의 금기가 오늘에도 유효한 것인가라는 질문마저 제기한다. 이는 금기의 생물학적 차원으로의 환원 자체를 인정하더라도,

그것이 오랜 시간에 걸쳐 문화적 차원에서 완성된 단계에 도달한 것이라는 추론을 반영한다. 근친상간의 금기가 그 궁극적 기저인 생물학적 차원의 '기피' 못지않게 문화적 차원의 '혐오'를 통해 오늘날의 모습으로 이어진 것이라는 주장이다.[26] 이런 점에서 근친상간 금기의 근거와 의미 자체가 부유기표적 단계에 있다고 할 수 있다. 지금 단계에서 그것은 아직 정확한 위치가 확정되지 못하고, 그 정착지를 찾아 옮아가고 있는 기표이다. 근친상간의 금기는 아직 이를 기반으로 하는, 또한 이를 둘러싼, 문화 개념의 부유기표성을 웅변하는 대표적 예이기에 충분하다.

5. 부유기표의 동역학

기표의 부유에서 과잉 그리고 폭발로

앞서 언급한 바와 같이 문화의 부유기표성을 가장 첨예하게 인지하면서 이를 존재근거로 삼고 또 활용하는 대표적 예는 예술이다. 소위 '원시' 사회에서의 신화가 물리적 세계에 대한 인간적 이해 기재였다면, 예술은 신화와 함께 그리고 그 이후 기표체계의 가장자리에서 행해져왔다. 레비스트로스의 원시적 작업가(bricoleur)의 모습은 신화적 연쇄와 예술적 작업에서 함께 관찰된다. 근현대의 과학 역시 사물 세계에 대한 궁극적 설명 못지않게 가장 적절한 설명을 추구하듯이, 문화와 신화 그리고 예술은 인간적 세계 구축과 확장의 도구이자 결과물이다. 하지만 문화의 부유기표성은 기존에 구축된 세계의 자기충족적 안주를 위한 것만이 아니며, 이러한 움직임 속에서 제기되는 질문과 탐문 그리고 의문은 오히려 기의 더 나아가 그 바깥의 사물 세계를 한층 적확하게 반영하려는 기표화 작업이자 이를 통한 기표체제의 변경을 위한 시도들이라 할 수 있다. 부유기표성의 의미는 기표의 무한히 자유로운 움직임 못지않게 자연 세계를 향한 항상적 움직임 속에서, 주어진 문화 세계의 한계를 불식해나가려는 동역학에 있다. 이러한 동역학 가운데 예술과 상징의 논리가 자리한다. 기표는 이렇게 오직 기의를 새롭게 생성해내는 끊임없는 추구로서의 부유운동 과정에 있는 한 '의미 있는' 기표가 된다.

앞서 살핀 소쉬르의 언어이론은 언어 세계에 대한 탐문에 집중하면서도 언어 외부의 세계 즉 자연 세계에 대한 긴장을 놓치지 않고 있고, 이는 그가 주도한 언어이론이 점차 기호학으로 이어지고 있는 것에서도 확인된다. 기호학은 좁은 의미의 언어 현상을 더욱 확대하여 비언어적인 여러 가지 문화적 대상들의 표현력을 언어 현상의 일환으로 파악하면서 한층 넓은 의미의 언어학으로 나아가고자 노력한다. 레비스트로스 역시 그의 본령은 인간의 문화 구조임이 분명함에도 이의 자연 세계와의 연계는 항상 그의 구조에 출몰한다. 자연과 구별되는 문화의 논리가 단지 잠정적인 기술적 구분에 지나지 않는가 하는 자기 의문은 물론, 앞서 그가 토로한 자연 세계로의 귀결에 대한 암시가 그것들이다. 레비스트로스의 인류학에 내재한 모순을 가장 신랄하게 파헤친 데리다(Jacques Derrida, 1930~2004)의 논의를 개입시키지 않더라도, 그 스스로도 자연과 문화의 이분법은 지속적인 회의의 지점으로 출몰한다. 이런 점에서 우리는 레비스트로스의 이론 자체가 일종의 부단한 부유기표적 모색이라는 것도 인정하지 않을 수 없다.

레비스트로스 스스로도 자신의 방법론을 구조주의적이라 명명한다.[27)] 구조주의의 방법론을 극대화 혹은 급진화하거나 이에 대해 반발하는 논리들은 1960년대 이후 줄을 잇는다. 이러한 흐름 가운데 기호와 관련하여 가장 급진적인 논리를 구성한 이론가는 보드리야르(Jean Baudrillard, 1929~2007)이다. '시뮬라시옹'과 '하이퍼리얼' 개념으로 대변되는 그의 이론은 기호, 특히 기호의 기표적 측면에 대한 극단적인 강조로 인해 부유기표론 혹은 초월기표론으로 명명되기에 충분하다.

보드리야르의 이론적 시발점은 마르크시즘에 있었지만, 그가 이론계에 준 가장 큰 충격은 기호계에 대한 적나라한 강조이다. 마르크스와 엥겔스가 『공산당 선언』에서 경고한 "모든 견고한 것이 허공으로 날아가는" 상황은 정작 보드리야르에서 가장 첨예하게 강조된다. 마르크스와 엥겔스는 자본주의가 전통적 가치들을 금전적 기준에 의한 판단에 회부하면서 그간 인간의 문화가 소중히 여겼던 많은 것들, 가령 가족이나 우정 등 많은 것들의 내재적 의미를 총체적으로 회수하였다고 진단한다.

마르크스에게 인류의 역사는 경제적 물리력이 조직되고 교환되는 양식의 변화 과정에 다름 아니다. 그에 따르면, 물리적 힘은 생활세계의 생산에 있어 결정적인 심급을 갖지만, 이러한 물리적 생산력 그 자체보다는 생산양식(mode of production)의 변화가 인류 역사의 전개에 가장 결정적 영향력을 행사해왔다. 고대의 노예제, 중세의 봉건제, 근대의 자본주의, 그리고 미래의 사회주의 등 마르크스의 역사단계는 생산력의 소재와 생산수단의 소유보다는 그것의 조직 방식과 주도권의 위치를 표현한다. '자본주의'란 경제 체제가 노예나 농노로서의 인간이 아니라 자본 그리고 자본을 소유한 자본가를 중심으로 한 생산 양식임을 강조하는 개념이다. 이런 점에서 마르크스주의 또한 진정한 의미의 물질적 중력과는 한 차원을 달리하는 자율성 위에서, 물리적 생산력을 조직하는 인위적 틀 즉 제도와 이를 뒷받침하는 이념의 힘에 방점을 두는 정치 경제학이다.

하지만 마르크스의 이론에서 문화적 변용에 작용하는 물질적 힘의 차원은 여전히 근본적 동인으로 작용한다. 이런 까닭에 마르크스가 위에서 살핀 기호와 문화 중심주의자라는 판단에는 이를 수 없을 것이다. 시간과 공간을 포괄하는 총체적 판단을 지향하는 마르크스의 이론에서 물리적 힘은 이론적 포획에서 벗어나지 않는다. 마르크시즘에서 힘은 주로 생산력으로, 특히 인간의 힘은 노동력 차원에서 파악되지만, 어떻든 이러한 힘은 주로 물질적인 것을 대상으로 한다. 물질에 대한 노동으로 생산의 관점을 강조한 마르크시즘은 자본 특히 소위 문화자본의 급속한 증대와 함께 일정한 수정이 불가피한 과정을 밟게 된다. 이러한 과정에서 우리는 인류 역사의 전개에 있어 문화 부문의 역할을 강조한 그람시(Antonio Gramsci, 1891~1937)나 사회 각 부문이 경제적 조건으로부터 상대적으로 자율성을 갖는다는 알튀세르(Louis Althusser, 1918~1990) 이후에 보드리야르를 만날 수 있다.

보드리야르의 논의는 마르크스주의에 대한 반론이자 그 논리를 가장 첨예하게 사유한 이론 가운데 하나이다. 그의 '시뮬라크르(simulacre)'와 '하이퍼리얼리티(hyperreality)'는 기호의 차원에서 물질계를 완전히 흡수한 개념이며, 또한 이 개념들은 생산보다는 소비의 장에 위치한다. 그에 따르면 현대 사회의 원동력은 물질계의 문화적 번역물인 기호의 생산, 특히 기호의 소비에 있다. 이렇게 오늘의 문화가 물질계를 완전히 뒤로하면서 인간에 의해 창조되는 새로운 문화 공간임을 강조한다는 점에서 그의 이론은 마르크스의 경제 결정론을 최종적으로 넘어서고 있는 것으로 보인다. 보드리야르는 소비의 관점에서 마르크스의 생산주의를 전복하는 한편, 원본과 모사품의 구별을 무력화함으로써 플라톤으로부터 유래한 현실 비판과 이상 세계에 대한 동경에 대해서도 문을 닫는다. 플라톤이 이데아 세계를 통해 현 세계의 모사성을 거론하면서, 이를 기조로 현실의 부단한 개선을 요구하였다면, 특히 이 후자의 관점에서 마르크스는 분명 포퍼(Karl Popper)가 말하는 매우 좋지 않은 의미의 관념론자인 헤겔의 도식을 이어받았다. 이러한 계보와 절연하고자 하는 대표 이론가 가운데 보드르야르가 있다.

보드리야르는 플라톤적 세계관 혹은 그 유산을 철저히 부정하면서, 오히려 플라톤의 이데아적 세계는 현실 세계의 여러 모사에 의해 단지 추정되고 설정된 것에 지나지 않음을 강조한다. 플라톤이 이상적 이데아론을 통해 현실 세계에 대한 비판적 잣대를 도입하고자 하였다면, 보드리야르의 문화론은 오늘날 전개되고 있는 문화적 징후 혹은 방향을 훨씬 가감 없이, 더 나아가 증폭된 차원에서 인정하고 있다. 이전 세대인 벤야민(Walter Benjamin, 1892~1940)은 기술복제 시대가 예술 원본의 아우라(aura)를 잠식하면서도 동시에 그에 대한 보상과도 같이 원본에 근접하는 복제에 의해 예술의 민주적 향유를 가능하도록 했다고 설명한다.[28] 이제 보드리야르에 당도하여 아우라의 상실은 훨씬 완성되고 불가역적인 면모로 각인된다. 벤야민은 원본과 복제의 경계를 허문 대표적 장르로 사진과 영화에 주목한 바 있지만, 보드리야르는 아날로그가 아닌 디지털에 기반한 복제의 증식과 팽창을 이론화하고 있다. 예를 들어 현실과 명확히 구별되는 공간으로서의 디즈니랜드와 우리가 사는 현실 세계는 점차 어떤 경계선을 잃어가고 있다는 것이다.

보드리야르보다 앞서 아도르노(Theodor Adorno, 1903~1969)는 자유 시간(free time)이 오직 또다시 노동에 임하기 위한 휴식과 재충전(recreation)으로, 더 나아가 여가 산업의 권유에 따라 이 역시 소비되고 채워지는 시간으로 변형되면서 단지 생산 체계의 일부를 형성할 뿐이라고 평가한 바 있다.[29] 아도르노에 따르면 여가 산업이 제공하는 것은 일에서 해방된 온전한 휴식이기보다는 훨씬 금전적 비용이 수반하는 여가 혹은 취미 활동이다. 하지만 아도르노의 문화진단 체계에서는 어떻든 노동 시간과 자유 시간의 확연한 개념적 구분과 적절한 가치 배분이 함께하고 있는 반면, 보드리야르의 체계에서는 이러한 구분이 불가능한 증폭과 증강이 가속화되는 공간이 있을 뿐이다. 달리 말하자면, 문화 기표적 측면에서 우리가 인정하고자 하는 정도의 현실보다 훨씬 증강된 현실에 우리가 이미 당도해 있다는 것이다. 보드리야르는 자신이 진단하는 오늘의 시대에는 물질과 기표, 노동과 소비 등이 혼재하는 만큼, 또한 이러한 혼재의 가속적 힘은 기표와 소비에 있는 만큼, 오늘의 사회문화에 대한 올바른 이론화는 기표와 소비의 관점에서 전개되어야 한다고 주장한다.

기표론에서 포괄적 일반 경제론으로

여기까지가 익히 알려진, 보드리야르가 진단하는 현대 사회와 문화의 모습이다. 문제는 이러한 진단이 제시하는 지극히 고슴도치적인 공간에서 여우의 돌파구는 없는 것일까에 있다. 양과 질 모두에 있어 그의 이론적 강점은 종횡무진으로 제시되는 강력한 경고와 조망에 있다. 오늘의 사회가 이렇게 진행되고 있다면, 또한 그것이 결코 바람직하지만은 않다면, 그리고 정확한 진단을 거쳐 비록 고통스럽지만 어떤 탈구의 전망 또한 제시되길 기대하는 것이 반드시 무리한 요구가 아니라면, 우리는 그의 이론에서 어떤 전회와 개선을 위한 제안의 흔적을 구하지 않을 수 없다. 레비스트로스의 경우처럼 구조 내에서 임기응변적으로 새로움을 창출해나가는 작업자(bricoleur)에서 보이는 여우적 모멘트는 보들리야르의 어디에서 찾아지는가?

물론 초기의 보드리야르는 자신이 진단한 이러한 현상에 대한 가치판단 혹은 그에 대한 저항을 거론하지는 않았다. 보드리야르의 이론은 그 진단만으로도 우리의 관심과 우려를 이끌어내기에 충분한 면도 있었고, 이들 현상이 여러 분야와 지역에서 전개되는 양상을 추적하는 작업 또한 상당한 의미를 담기에 충분하였다. 하지만 보드리야르의 초기 저작 등에서 전개되는 광범위한 진단과 함께 그 내면에 자신의 진단에 대한 대안적 제안이 없는 것은 아니다. 그의 이론이 추궁하는 문제의식의 시작은 마르크스의 자본주의론이 오늘의 자본주의 일반을 이론화하는 데 있어 충분히 총체적이지 않다는 반성의 필요성에 있다. 마르크스주의 이론이 앞서 살핀 기호계에 대한 간과에 머물지 않고, 근본적으로 교환가치 중심의 매우 자본주의적인 한계를 벗어나지 못하고 있다는 인식하에, 한층 총체성을 확대한 포괄적 경제론을 구축할 필요가 있다는 문제의식이 그것이다.

교환가치에 근거해 상품의 가치를 결정하는 자본주의에 대해 마르크시즘은 궁극적으로 상품의 사용가치가 실질적 가치 기준이 되어야 한다고 강조하고 있지만, 보드리야르는 이 역시 단순한 신화적 믿음에 근거할 뿐이라는 주장을 덧붙인다. 이에 따르면 상품의 사용가치와 교환가치는 쉽게 구분되지 않으며, 이러한 현상은 오늘날 점점 가속화되고, 더욱이 이러한 교환/사용 가치 체계에 기호적 가치 또한 가세하고 있어, 기존의 교환/사용의 이분법을 해체하는 한층 포괄적 차원의 일반 경제론이 새롭게 창출되어야 한다는 것이다. 이를테면 가치의 근저라고 생각되는 사용가치는 항용 교환가치를 포함하는데, 가령 돌 선물을 위해 금반지를 구매하는 경우 금의 교환가치를 염두에 둔 선택이기도 하지만 선물이라는 사용가치(금의 교환가치를 필요조건으로 하는 가치)를 구매하는 것이라 할 수 있기 때문이다.

이런 점에서 교환가치는 사용가치를 갖고, 사용가치 또한 교환가치를 전적으로 배제하고 있지는 않다. 동일한 차원에서 물질계와 기호계에 대한 궁구는 이제까지의 고정 관념에 대한 수정을 요구한다. 금으로서의 물질계와 반지로서의 기호계는 상호 의존적이고 구별될 수 없는 측면을 갖고 있다. 특히 유의할 점은 보드리야르의 이론이 일면 기호계에 방점을 두고 있지만 반드시 물질계의 기호계 차원으로의 일원화를 주장하고 있기보다는, 오히려 이 양자의 구별의 무화를 말하고 있다는 것이다. 경제계와 물질계는 기호계적 차원을 갖고, 기호계 또한 단지 문화적 차원에 머물지 않고 경제적이자 물질적인 차원을 갖는다는 것이다. 그에 따르면 이러한 포괄적 차원에 대한 이해만이 우리로 하여금 오늘의 한정된 경제학을 넘어 일반 경제론으로 나아갈 수 있도록 한다.

보르리야르의 이러한 일반 경제론은 사실 독창적인 것은 아니다. 우리는 모스의 선물에 대한 논의, 레비스트로서의 교환에 대한 연구가 보드리야르에게로 이어지고 있음을 알 수 있다. 특히 모스의 이론은 직접적이기보다는 바타유(George Bataille, 1897~1962)의 한층 강렬한 주장을 거쳐 보드리야르의 이론에 닿아 있는 것으로 보인다. 모스에서 바타유를 거치면서 교환 시스템에 내재한 잉여적 차원은 더욱 조명을 받는다. 레비스트로스의 연구가 강조한 바와 같이 의사 교환과 집단 형성 등 복수의 의미 층위가 내재된 교환 행위는 자본주의 체제로 이행하면서 금전적 계산 위주의 단순하고 획일적인 수준에서만 강조된다. 이러한 단순화가 자본주의의 장점이자 최대의 약점이기도 하다는 것이 교환체계에 대한 이들 인류학적 계보의 주장이다. 물론 자본주의의 경제학 또한 교환의 잉여가치 창출을 고려하지 않는 것은 아니지만, 어떻든 그것은 '경제적' 차원의 부가 가치론을 벗어나지 못한다는 것이다.

바타유는 오히려 교환할 수 없고, 돌이킬 수 없으며, 숫자화 할 수 없는, 나아가 생산적이기보다는 일회적이자 탕진이라 할 수 있을 정도로 일방적인 소비의 가치를 강조한다. 그런 만큼, 그는 과도한 규모의 축제와 잔치, 생활과 삶에 못지않은 죽음 등이 인간 사회에서 매우 중요한 역할을 수행해 왔음을 밝힌다. 오늘의 자본주의가 이어받지 못한 것이 이러한 행위들에 내재한 의미와 사회적 순기능이라는 것이다. 이는 교환이 순수 교환이 아니라 상징 교환으로서, 풍성한 상징 창출 행위라는 차원에서 이해되어야 한다는 주장으로 요약될 수 있다.

보드리야르는 소비와 기호가 엮여 있는 기호 소비에 대해 분석한 초기 저작에 곧이어, 비록 제한적이지만 체계를 초과하는 어떤 잉여창출의 가능성을 모색하는 이론적 전개로 나아가고 있다. 초기 『사물의 체제』(*Le Système des objets: la consommation des signes*, 1968) 등이[30] 보드리야르의 평생의 테제를 반복적으로 전개하고 있다면, 이후 『상징적 교환과 죽음』(*L'Échange symbolique et la mort*, 1976) 등은[31] 교환의 등가성을 초과하는 지점, 즉 비등가적인 상징적 차원을 중심으로 이러한 가치와 그 예들에 관한 다면적이자 산발적인 분석을 이어간다.

6. 탈구조의 부표

포박되지 않는 암초 혹은 기점 — 죽음, 유혹, 침묵

보드리야르의 첫 주요 저작인 『사물의 체제』에서 사물의 체제는 다름이 아니라 기호의 체제이다. 사물은 사물로서 분류되기보다는 이미 항상 기호화된 체제로서, 우리에게 다가온다는 것이다. 이러한 기호 체제는 시뮬라크르와 하이퍼리얼리티 개념으로 재정립되면서 그 내면적 논리의 심화는 강조된다. 보드리야르의 면모를 대변한다고 할 수 있는 이러한 용어들은 어떻든 사태의 진단에 동원된 개념들로서, 부단한 대체 운동을 통한 기호의 지배와 증폭을 전달하기에 충분하였다.

하지만 기호계의 무한한 대체 운동은 전반적으로 그리고 일차적으로 등가적 교환의 진행이자 양적 차원에서의 운동이라 할 수 있다. 이러한 일차원적 운동과 달리 보드리야르의 사유가 진행됨에 따라 어쩔 수 없이 기대하게 되는 것은 질적 차원의 여지이다. 물론, 보드리야르의 현실 진단이 그 강력함만큼, 그에 대한 대응이나 대안을 재촉하는 것이 순서이지만, 이는 과도한 요구로 여겨질 수 있었다. 보드리야르의 저작이 이러한 요구를 전혀 의식하지 않고 있는 것은 아니다. 등가교환의 증폭을 진단하는 개념들에 비해 눈에 띄지는 않았지만 다수 저작의 논제로 등장하는 침묵, 죽음, 유혹, 상징적 교환, 불가능한 교환 등은 부등식의 잉여에 대한 모색이기도 하다. 모스와 바타유에 의해 탐문된 교환 이상의 교환 즉 초과나 잉여 산출의 교환은 보드리야르에서 다양한 방식으로 모색되고 있으며, 이는 '상징적 교환'의 이름으로 이어지고 이러한 개념하에 통칭될 수 있다.

보드리야르는 상징이 충만한 불가능한 교환의 경우로 죽음과 침묵 그리고 유혹을 그 대표적 예로 탐색한다. 여기에서 죽음은 분명 프로이트의 '죽음 충동'과 연계점을 갖지만 그 자체로도 분명한 의미를 전하기에 충분하다. 죽음은 어떠한 교환 관계도 거부하는 사건이다. 하이데거의 존재론에서 삶은 시간 속에 있기 때문에 실존으로서의 중요성을 갖고, 그 마지막 지점인 죽음은 삶의 작동 원리이면서도 자체로는 그 어떤 대상체와도 교환 불가능한 지점이자 가치이다. 개인의 죽음은 진정한 의미의 차원에서 적절히 반영될 수 있는 기호 또한 존재하지 않는다는 점에서 교환 불가능 즉 교환의 영점(零點)에 있다. 보드리야르에게 '유혹' 또한 기표와 기의 사이의 일원적 관계에 관한 불확정성을 가중시킨다. 가령 여성의 유혹은 남성 중심세계에 대한 위협이자 기회이고, 기호계 내에서 발생하는 유혹은 바깥 세계와 새로운 관계를 열고자 하는 욕망이자 움직임의 차원을 갖는다.

보드리야르는 다수 혹은 대중의 침묵 또한 새로운 의미 생산의 지점이 될 수 있음을 지적한다. 현대 사회에서 대중은 주로 생산보다는 피동적 소비와 침묵을 특징으로 하는 집단으로 규정되어온 역사를 갖고 있고, 일차적으로 기호 세계 속에서 기호를 소비하고 기호에 종속되는 집단의 관점에서 조망되어왔다. 이러한 시각에 따르면 대중 속에서 물적 조건은 기호적 재처리가 가속화되고, 굳건한 사회적 차원은 소거되는 위기에 직면하게 된다. 이는 대중이 형성하는 공간 내에서 기표의 동역학이 주로 자기 소모적 운동 속에 있음을 말해주는 대목이기도 하다. 분명, 대중에 의해 기표의 일목요연한 의미는 상실되는데, 그것은 주로 많은 의미들이 단지 정보의 수준에서 소비되고 재분배되는 과정 속에 있기 때문이다.

보드리야르는 이러한 수준의 대중론에 대해 재고의 여지를 제시한다. 그는 오늘날 대중의 침묵이 수동적 사태인 것은 사실이지만, 이는 대중의 의지가 적절한 기표를 찾지 못한 기의에 머물고 있기 때문이라는 진단을 내놓는다. 즉 지금의 기표 구도 속에서 대중이 담지하는 기의는 단지 침묵으로 표현될 수밖에 없다는 것이고, 이런 까닭에 대중의 침묵을 기표와 기의가 정합하는 기호로 대변할 수 있는 부단한 움직임이 있어야 한다는 것이며, 무엇보다도 대중의 침묵은 사회 문화적 의미로 분출을 모색하는 휴화산으로 인지될 필요가 있다는 것이다.

멜빌의 단편소설 「필경사, 바틀비」("Bartleby, The Scrivener," 1853)[32]의 바틀비는 뉴욕 월스트리트의 변호사 사무실에서 주로 서류를 필사하고 검토하는 일을 맡은 사람이다. 하지만 그는 고용된 지 얼마 되지 않아 변호사가 시키는 업무를 "나는 그러고 싶지 않습니다(I would prefer not to)"라는 겸손과 단호함이 섞인 한마디로 모두 거부한다. 아무런 일도 하지 않고 창밖만 쳐다보는 등 황당한 그의 태도는 지속된다. 마침내 그가 해고를 당하고도 떠나지 않고 사무실에서 거주까지 하는 것을 알게 된 변호사는 오히려 자신이 사무실을 옮기고야 말지만, 정작 꿈적도 하지 않는 그로 인해 새롭게 임차해 들어온 변호사와 건물주에게 책임까지 추궁받는다. 자신의 집으로 들어오는 것은 어떻겠느냐는 변호사의 제안에도 바틀비는 그러고 싶지 않다는 말을 되풀이할 뿐 당장의 자리를 떠나지도 않는다. 이후 변호사는 그가 경찰에 넘겨져 유치장에 갇힌 것을 알고 찾아가 사식이 제공되도록 배려하지만, 그는 먹는 것마저 거절한다. 며칠 후 다시 유치장을 찾아간 변호사는 앞뜰에서 죽은 바틀비를 발견하게 된다. 이후 변호사는 그의 과거에 대한 얘기를 듣게 되는데, 그가 이전에는 워싱턴에서 수취인 불명의 우편물을 보관하는 사무실(dead letter office)에 근무하다가 조직개편에 따라 해고되었다는 것이다. 단편은 변호사가 "아! 바틀비! 아 인간이여!(Ah

Bartleby! Ah humanity!)"라는 말로 끝을 맺는다.

이야기의 서술자인 변호사는 뉴욕의 법조계에서 견실한 경력을 쌓아가면서 주변의 인정을 받고 스스로에 대해 자부심을 갖는 인물이다. 바틀비를 만나기 전까지의 그는 상식과 안정이 보장된 세계 속에서 살고 있었다. 이런 그가 자신이 고용한 아랫사람의 전혀 예상 밖의 행동과 사고방식으로 인해 심란한 고민에 빠져든다. 사실 그는 이런 행태의 바틀비를 완전히 무시하거나, 또한 잊어버릴 수도 있었다. 하지만 그가—은연중에 바틀비의 어투를 흉내 내기도 하는 다른 사무원들과 함께—바틀비에게서 완전히 등을 돌리지 못하는 것은 그에 대한 분노만큼이나 어떤 연민의 정을 갖고 있기 때문이라고 말하지 않을 수 없다. 달리 말하자면 바틀비는 사무실의 다른 피고용인들만이 아니라 고용인인 변호사마저도 무의미하게 느끼고 있지만 어쩔 수 없이 해나갈 수밖에 없는 일들을 단호히 거부함으로써 당혹스런 진실을 드러낸다.

우리는 이 이야기 속에서 변호사와 그의 사무원들이 미로와 같이 얽힌 법률의 세계와 그 속에서 단순 반복적인 일을 처리해야 하는 일상의 무료함을 느낄 수 있다. 이런 점에서 바틀비는 오히려 서술자인 변호사와 주변의 고용인들이 말할 수 없거나 혹은 어렴풋이만 느끼고 있는 바를 대변하는 실질적인 서술자의 위치에 있다. 표면적으로는 대화나 구체적 언급을 회피하고 있지만, 바틀비는 단지 침묵을 대변하기보다는 현실을 비판하는 분명한 태도를 갖고 있고, 또 이를 온몸으로 표현하고 있다는 점에서 결코 침묵하거나 침묵을 웅변하는 인물은 아니다. 오히려 그는 자신과 주변 세계의 침묵의 내용을 직시하고 이를 표현해내는 인물이다. 변호사를 포함한 일반 대중의 침묵은 의미를 갖고 있지만 그것을 드러내지 못하고 있을 뿐이며, 이들이 바틀비에 대해 갖는 드러나지 않는 애증은 여기에 기인한다. 물론 바틀비는 주어진 현실에 대한 부정 이외의 구체적 다른 대안을 말하지는 않는다. 하지만 그의 "나는 그러고 싶지 않습니다(I would prefer not to)"라는 결단은 현실에 대한 점잖은 부정과 함께 다른 대안에 대해 열린 태도를 갖고자 하는 최초의 제안이라는 의미를 갖는다. 여기에서는 최소한 주어진 현실과는 다른 대안적 내용을 향한 '잠재성'의 여지를 확보하려는 움직임을 만날 수 있는 것이다.[33] 이러한 바틀비는 보드리야르의 대중과 그들의 침묵이 내포한 폭발성의 한 은유이기에 충분하다. 우리 시대의 정서적 선택으로 오인되는 "더 격렬하게 아무것도 안 하고 싶다"와 달리(그리고 이러한 구호는 이내 상업적 편리함에 의존하라는 마각을 드러내고 있듯이), "나는 그러고 싶지 않습니다"라는 바틀비의 선택은 시시각각의 결단이자 행동이다.

기표계의 클리나멘이라는 전망

오늘날 대중의 침묵은 표면적 이해 너머의 다른 의미 부여의 여지를 갖는다. 그것은 기존 기표체제 속에서는 상징적 독해가 필요한, 잠재적 지점에 위치한다. 이런 가운데 대중의 침묵은 그 자체로 저항적 의미를 갖는다. 특히 보드리야르의 이론적 구도가 지적하는 것은 이러한 차원의 침묵과 정보 혹은 소통은 서로 교환될 수 있는 하나의 평면에 있지 않다는 것이다. 대중을 대변하고자 하는 모든 유행과 숫자적 통계 등의 기표가 대중을 일면적이자 스스로의 기호에 의해 함몰된 존재로 파악하고 있지만, 기실 대중의 침묵은 저항적 잠재성 그 자체이다. 보드리야르에 따르면 오늘의 이론은 대중의 침묵이 단순한 수동적 침묵이 아니라 새로운 가치를 창출하는 잠재적 사건임에 주목하면서 이를 담론화하는 작업을 해야 한다는 것이다. 다른 한편 대중은 이런 점에서 쉽게 달리 대변되기보다는 스스로 현재의 침묵을 극단화하면서, 당면한 사태를 더욱 치열하게 가중시킬 필요가 있다. 이 지점에서 보드리야르는 자신의 처방을 "치명적 전략"[34] 혹은 "치명적 이론"[35]이라 명명한다.

사실 보드리야르의 이론은 주로 현란한 진단에 치중하고 있지만, 자신이 진단한 오늘의 현상에 대해 저항적 방책을 전혀 제시하지 않는 것은 아니다. 그의 배수진과 같은 치명적 전략은 우리가 주어진 현실에 초과 순응(hyperconformity)함으로써 이러한 현실을 가속화하고 그것이 스스로 자기 파괴적 상태(implosion)로 진입하게 하는 것이다.[36] 그에 따르면 이러한 구도의 노림수는 현실적 방향으로의 일방적 진행과 이를 반영하는 기호적 담론이 상호 연계됨으로써 양자의 구별점이 상쇄되고, 이러한 경향의 가속화 과정이 기존 의미의 총체적 무화로 진화할 것이라는 기대에 있다. 단순화하자면, 보드리야르는 문명 기재들이 자기 복제를 지속하는 과정의 최종 지점에서 자기 파괴의 수순을 밟는, 문명의 장기 순환과정을 염두에 두고 있다. 마르크시즘이 거대한 역사적 흐름을 단계적으로 설명하고 있다면, 보드리야르 또한 그에 버금가는 설명을 제시하려는 의지 속에서 정반합의 변증법과는 다른 구도를 제안하고 있는 것이라고도 할 수 있다. 이는 마치 후기의 프로이트가 인간의 삶과 행복에의 의지 못지않게 죽음에의 의지 즉 최초의 상태로서의 무의 상태를 지향하는 훨씬 더 원초적인 논리를 상정하는 것과 흡사하다. 보드리야르는 이러한 과정의 종착점으로 의미가 소진되는 '무의 세계(nothing)'를 언급한다.[37] 그는 이것이 진부하지만 결론적으로는 가장 분명하고 치명적인 전략임을 반복해서 강조한다.

이러한 논지 속에서 보드리야르가 초기부터 지속적으로 탐문해온 상징적 교환의 차원은 특히 예술에 대한 논의와 합류하면서 이론적 전경의 소실점으로 작용한다. 막다른 골목으로 향하는 기호 세계의 가속화는 달리 말하자면 예술화 과정이라 할 수 있다. 보드리야르는 오늘날과 같이 치명적 전략이 진행될 수밖에 없는 단계에서, 이전 시대에 있어 상징적 차원을 유지하면서 잉여가치를 생산하는 모형의 전형이었던 예술에 대해 예외적 지위를 부여하지는 않는다. 이는 한편으로 예술과 미학 역시 극단적인 교환의 과정 속에서 구체화, 물질화, 현실화의 틀에 갇힌 국지적 활동에 불과하기 때문이며, 다른 한편으로 일상적 미학이 국지적이기보다는 훨씬 폭넓게 현실 전반에 영향을 미쳐왔기 때문이다. 특히 후자의 측면에서 현실의 모든 구성물들이 미학화되면서 현실은 급기야 초과 미학화라 할 수밖에 없는 상황에 도달한 것으로 파악된다.[38] 이에 따르면, 오늘의 조건 속에서 미학의 특수성 즉 국지성을 상정하는 것은 세계의 편재하는 미학화 작업과 그 의미를 은폐하기 위한 전략일 가능성이 높다. 디즈니랜드를 미학적으로 특화하여 홍보하고 상업화하는 것은 실제 세계가 이미 훨씬 디즈니랜드적이라는 사실을 호도하고 은폐하는 결과를 낳는다는 것이다. 이러한 주장은 미학의 국지화를 벗어나 현실 전반에 걸친 '초미학화(transaesthetic)'가 일부의 부정적 평가를 넘어 오히려 현실세계의 긍정적 진화를 위한 추동력으로 작용할 수 있을 것이라는 기대 또한 보여준다. 보드리야르의 논리를 따라간다면, 이러한 총체적인 시적, 미학적 과정은 현실에 구축된 기존의 의미 체계를 무의미의 차원으로 되돌리는 사건 창출의 중간 과정이 될 수 있다는 것이다.[39]

자신의 진단에 이어, 초과 순응 즉 사태의 누적과 가속에 의한 치유라는 처방전을 제시한 것과 함께, 보드리야르는 '완전범죄(perfect crime)'라는 용어를 앞세워 또 다른 처방전을 내놓는다.[40] 오늘과 향후의 기호계가 아무리 지배적인 네트워크를 구축한다고 해도, 이것이 완벽하게 우리의 삶과 세계를 복사하고 뒤덮을 수 있는 수준에는 이르지 못할 것이라는 전망이 그것이다. 한마디로, 기호계의 완전범죄는 불가능하다는 것이다. 이는 한편으로 진단이면서 동시에 처방으로 읽힌다. 하지만 진단이든 처방이든 그것이 초과 순응론에서 주장한 기표계의 가속화와는 배치된 전망으로 보이는 것이 사실이다. 굳이 어떤 일관된 논리를 찾는다면 그것은 기표계의 범죄에 가까운 득세, 즉 완전범죄가 되고자 하는 자기과시가 결국에는 자기모순을 드러내는 운동성을 갖는다고 설명할 수 있을 것이다. 이러한 이해와 유사한 논리에서 보드리야르는 기표계의 완전범죄는 기표계 자체가 클리나멘(clinamen)에 의해, 즉 관성적인 운동과 중력으로부터 벗어나려는 물리적인 힘에 의해, 좌절될 수밖에 없을 것이라는 설명을 제시한다.[41]

인문학이라는 부유기표 — 잠정성 혹은 잠재성

기표의 미학화 차원 등에 대한 관찰 속에서 다시금 부각된 기호 체계의 부유성은 주어진 현실을 재정리하고 재기획하는 잠재성의 다른 표현이며, 이러한 과정 속의 기호는 새로운 의미와 자기 잉여를 창출해나가는 능기임을 확인할 수 있다. 다시 한 번 주목을 요하는 것은 보드리야르에게 기호론 혹은 기호 공간이 그 자신의 궁극적 유토피아는 아니라는 점이고, 여기에는 오히려 이에 내재한 불안전성과 자기 파괴적인 차원을 탐문하려는 의지가 담겨져 있다는 점이다. 기호계의 자기 과잉은 내적 소진과 붕괴의 논리를 안고 있고, 이는 결국 인간적 이해 공간, 더 나아가 이론의 자기 한계와 겸손을 주문하고 있는 것이다.

애초의 판단에서와 같이, 현실에 대한 대안을 모색하고자 하는 보드리야르의 후기의 논의는 체계적이기보다는 게릴라적이다. 이제 우리는 바로 그의 이론 자체가 부유기표적 전략을 채택하고 있는 단적인 예임을 알 수 있다. 이런 점에서 그의 이론은 폐쇄적 비전에 대한 선명한 대안이 되기에는 미흡한 면을 갖는다고 하지 않을 수 없다. 어쩌면 여기에서 우리는 기호론에 집중하고 있는 그의 이론 자체가 기호적 내파에 당면하는 아이러니를 목도하고 있는 것이다. 어떻든 이 모든 점에 있어서도 기표와 기호 그리고 문화 더 나아가 이에 대한 주목할 만한 이론 모두는 부유기표적 차원에서 스스로가 부단히 자기변용을 해나가고자 한다는 점이 바로 우리가 주목해야 할 사안이다.

기표의 부유성은 기표의 무한한 자유와 방임을 말하지 않는다. 오히려 이러한 부유성은 적절한 기의를 향한, 혹은 비록 잠정적일 수밖에 없지만 당대 조건이라는 구조 속에서나마 기표와 기의의 상호 정합성을 향한, 끊임없는 추구와 방황의 과정으로 파악되어야 한다. 개인과 집단의 기표는, 즉 일반적 차원에서 말하자면 우리의 언어와 문화 체계는 그 외부 세계를 배제하지 않고 또 영원히 배제할 수도 없는 조건 속에 있다. 기호계의 내파를 기대하는 보드리야르의 치명적 전략은 부유기표론의 단적 예로서, 이는 구조 자체의 자기 분열을 스스로의 진화 지점으로 삼는다는 것을 증거 한다. 극단적으로 말하자면 모든 이론은 현재 시점에서는 부유기표에 지나지 않는다는 예시가 되고 있는 것이다. 물론 이는 오늘 이 시점에서 생성되는 이론의 잠정성과 함께 잠재성을 말하는 것이고, 이러한 이론은 고정된 확정성보다는 세계를 향하는 노력의 지점으로만 승인되는 것이 더 적절하다는 주장이기도 하다. 이런 점에서 부유기표론은 기호와 문화 공간 내에 위치한 인문학에게, 그리고 개인 주체들에게도 자기 완전성이나 자신감보다는, 그 최종적 정박지를 향하는 가운데 미래와 미지의 영역을 소실점으로 하는 겸손하게 열린 태도를 주문한다.

Ⅲ

자가면역-자기전복의 논리

1. 면역학적 모델

정치적 면책에서 의학적 면역으로

인문학의 가장 기본적인 개념과 진지한 이론은 양가적인 의미에서 부유하는 기표라는 논제에 상응하는 한 예로서, 최근 활발히 탐색되는 것으로 '면역' 개념과 이를 둘러싼 이론을 들 수 있다. 면역이란 생물체가 외부의 병원균에 대해 갖는 저항성을 말한다. 이러한 저항성은 생물체가 선천적 혹은 후천적으로 획득하고, 특히 후천적 면역은 병원균에 대한 일정한 경험에 의해 형성된다. 오늘의 사회 문화적 현상을 면역 개념을 통해 설명하면서 주목받고 있는 이론가 가운데 에스포지토(Roberto Esposito, 1950~)가 가장 돋보인다. 그 함의가 매우 복합적인 에스포지토의 논의는 신선한 관심의 대상이 되고 있지만, 현실 진단과 처방의 관점에서 그의 이론은 의외로 간단하게 요약이 가능하다.

그의 논의에 따르면 면역론은 오늘날처럼 의학적으로 일상화되기에 앞서 사회문화적 영역에서 창출된 개념이다.[42] 즉 '면역(immunity)'은 원래 '의무의 면제'라는 사회적 개념에서 시작하였다. 이는 영어를 기준으로 그 어원을 거슬러 올라가면 불어의 'immunité'를 거쳐 라틴어의 'immunitatem'에 닿는데, 부정의 의미를 갖는 'im'과 움직임(행위, 수행, 실행)의 의미를 갖는 'muni'(혹은 'mei': 'mutable' 등에서, 또 공적 활동의 수행을 뜻하는 'municipal'에서도 발견된다)가 결합된 형태로 특정 의무의 수행이 면제된 상태를 뜻하였고, 1879년 무렵부터 질병에서의 면역이라는 개념이 사용되었다. 역사적으로 말하자면 에스포지토 등이 면역이라는 의학적 개념을 사회적 현상에 적용하고 있는 것이기보다는 사회적 개념이 오래전 의학적 개념으로 원용되면서 더욱 의미상의 복합성을 축적하고 있다고 해야 할 것이다.

사회문화적 의미에서 면역 개념이 가장 첨예하게 사용된 예 가운데 하나가 외교관의 면책특권(diplomatic immunity)에 관한 것이다. 면책특권은 고대 인도, 그리스와 로마, 그리고 몽고제국 등 동서양의 역사에서 외교 사절에 대한 대우를 통해 알 수 있다. 그 근본은 타국에서 파견된 사절에 대해 자국의 법률을 적용하지 않는 상호 관용과 호혜의 배려 차원에서 연유하였고, 근래에 이르러 비엔나 협약(Vienna Convention, 1961)을 통해 정식적인 명문의 규정을 갖기에 이르렀다. 달리 설명하자면 한 국가의 법률 체제는 전적으로 해당 구성원에 한해 구속력을 갖는바, 면책특권은 한 나라의 구성원을 다른 나라의 규정에 의해 통제할 수 없다는 이념을 반영한다. 이렇게 비교적 선명한 의미의 전통적 면역과 면책 개념은 의학적 면역 현상을 설명하기 위해 원용되면서 훨씬 폭넓은 의미를 갖게 되었다.

의학적, 특히 병리학적 차원에서 인체의 면역 체계는 특정한 세포와 조직 그리고 기관이 외부의 공격자에 대항해 인체를 보호하는 방어망이라 정의된다. 외부 공격자란 질병을 유발하는 박테리아, 바이러스, 기생충, 곰팡이 등 미생물(세균)을 의미한다. 이들이 인체에 침입하는 이유는 인체가 자신들이 살아갈 수 있는 매우 적절한 환경을 구비하고 있기 때문으로, 면역 체계는 이들의 접근을 막거나 침입한 이들을 탐색하고 파괴하는 임무를 갖는다. 면역 체계가 방어와 전쟁 그리고 퇴치의 과정을 수행하기 위해서는 그 체계 내 구성 인자들을 매우 복잡하고 정교하게 엮는 상호 연계망을 갖추어야 한다. 이러한 연계망 속에서 해당 체계의 우선 과제는 자신(self)과 타자(nonself) 즉 외부 침입자를 구별하는 것이다. 이를 위한 가장 기본적인 방식은 자기편이 공유하는 표지(marker)에 기초하여 침입자를 식별해내는 것이다.[43)]

생리학적 면역이 생성되는 과정에는 선천적인 자질과 후천적인 습득이 공존한다. 후천적인 습득으로는 면역 체계가 가령 백신 등을 통해 인위적으로 주입된 미약한 침입자를 인식하고 퇴치하여 실전 능력을 보유하게 되는 경우를 들 수 있다. 여기에서 특히 분명해지는 것은 이러한 면역 능력은 대상이 되는 타자와의 접촉을 통해 생성되고 또 배양된다는 것이다. 즉 면역은 부단히 타자에게 어느 정도 자신을 열고 이들을 받아들여 통제하는 가운데 자아를 보존하는 절차이자, 자아와 타자가 일정한 접촉과 혼융을 겪는 과정임을 웅변하는 현상이다. 자아가 타자에게 열리고 이를 통해 스스로의 균형을 유지해나가는 이러한 과정은 자아와 타자의 구별이 조금은 흐릿해지는 경계역이기도 하다.

하지만 면역학 일반은 생물학적 현상이면서도 동시에 사회문화적 현상이다. 물론 병원체인 바이러스에 대한 치료는 우선적으로 생물학적 차원에서 이해되고 실행된다. 하지만 바이러스 질병의 예방과 차단 등은 의학적이자 동시에 사회 제도적 차원을 동반하는 가운데 이해되고 실행된다. 이런 점에서 면역학은 한편으로 (비록 극단적 목표이지만) 질병의 원인이 되는 바이러스의 박멸을 지향하면서도, 다른 한편으로는 이러한 바이러스에 대한 사회 제도적, 문화적 대처 방안을 구축한다. 자연사적 과정에서, 더욱이 현 단계에서 분명한 것은 무수한 바이러스 질병의 극복과 예방 그리고 차단 등은 바이러스에 대한 생물학적 박멸보다는 의학적 치료와 함께 사회문화적 이해와 대처에 집중되고 있다는 점이다. 소위 신종 플루 바이러스(A형 인플루엔자 바이러스 H1N1 아형, influenza A virus subtype, H1N1), 사스 바이러스(중증급성호흡기증후군 코로나 바이러스, severe acute respiratory syndrome coronavirus[SARS-CoV]), 메르스 바이러스(중동호흡기증후군 코로나 바이러스, Middle East respiratory syndrome coronavirus[MERS-CoV]), 또한 에볼라 바이러스(Ebolavirus, 혹은 Zaire ebolavirus) 등 오늘날 인류를 위협하는 모든 바이러스에 대한 대처는 박멸의 관점보다는 이에 대한 관찰과 통제에 더 집중되어왔고 이는 현 단계에서 그 적실성을 인정받고 있다. 이런 까닭에 바이러스의 인간으로의 침윤은 상당 부분 사회와 공동체의 구조적 문제로 다루어지며, 특히 바이러스 질병이 일으키는 사태들은 의과학적 사건 못지않게 공동체의 내면과 그 모순점들을 들춰내는 사건으로 다가온다.

면역학의 공동체론

물론 오늘의 삶은 더 이상 면역학적 도식에서 살필 수 없는 조건 속에 있다는 주장 또한 제기되고 있다.

> 시대마다 그 시대에 고유한 주요 질병이 있다. 그래서 이를테면 박테리아적이라고 할 수 있는 시대도 있는 것이다. 하지만 이 시대는 적어도 항생제의 발명과 함께 종언을 고했다. 인플루엔자의 대대적 확산에 대한 공포가 여전히 무시할 수 없는 것이기는 하지만, 우리는 오늘날 더 이상 바이러스의 시대를 살고 있는 것은 아니다. 우리는 면역학적 기술에 힘입어 이

미 그 시대를 졸업했다. 21세기의 시작은 병리학적으로 볼 때 박테리아적이지도 바이러스적이지도 않으며, 오히려 신경증적이라고 규정할 수 있다.[44)]

최근의 인상적인 저서에서 한병철은 이렇게 자신의 논리를 매우 설득력 있게 시작하고 있다. 이러한 논리는 반복적으로 강조되는데, 그는 "지난 세기는 면역학적 시대였다. 즉 안과 밖, 친구와 적, 나와 남 사이의 뚜렷한 경계선이 그어진 시대였던 것이다. 냉전 역시 면역학적 도식을 따른다"고 하고, "그러므로 로베르토 에스포지토의 면역성 이론 역시 잘못된 가정을 출발점으로 삼고 있는 셈이다"[45)]라면서 오늘 이 시대에 대한 설명의 틀을 달리 찾는다. 이러한 논리에 따르면, 오늘날 우리는 외부의 적이 우리를 위협하기보다는 자신의 내부의 적이 자신을 공격하는 시대에 살고 있다. 오늘날은 소위 자기 착취의 시대로서 우리는 자기 스스로를 계속적으로 피곤하도록 몰아붙이는 사회 속에 위치해 있다는 것이다.

하지만 에스포지토의 면역학적 접근이 오늘의 사회와 개인을 분석하는 데 있어 손쉽게 배제될 수 있는 시각은 아니다. 이를 위해 에스포지토의 공동체와 면역에 대한 논의를 잠시 살필 필요가 있다. 이 두 차원을 연계하면서 제기하는 에스포지토의 논지는 둘의 어원적 근친성으로부터 시작한다. 라틴어 어원에 있어 공동체(communitas)는 'com'과 'muni'가 결합된 개념이다. 앞서 살폈듯이 '움직임'(행위, 수행, 실행)을 뜻하는 'mei'는 '공여(供與)'의 의미 또한 포함하는바, 'communitas'는 서로가 서로에게(com) 공여하는(muni) 공간을 의미한다. 공동체란 구성원 각자가 자신의 것들을 내놓으면서 설립되는 공간으로, 이러한 공유 공간에 특히 구성원 각자의 자유의 일부가 공여되면서 공동체 속의 개인은 스스로 제한된 자유만을 갖는 선택을 하게 된다. 일차적으로 공동체(community) 형성이 구성원의 포괄적 혹은 부분적 산입에서 출발한다면, 면역(immunity)은 외부적인 것의 배제에서 출발한다. 이를 구성원 개인을 기준으로 살핀다면 공동체는 개인의 침윤과 일정한 포기의 차원에서, 면역은 개인을 수호하려는 기능과 힘의 차원에서 관찰된 것이다. 에스포지토의 면역론은 공동체가 개인이 자유를 확보하기 위한 필연적 수단이라는 헤겔적 구도와 달리, 공동체는 개인적 자유의 필연적 구속이라는 홉스와 루소 그리고 칸트에 이르는 계보의 구도를 따르고 있다.

2. 자가면역

개념의 자기 전복

일반적으로 면역은 개체가 자기 방어 기전을 동원하여 이질적 외부를 내재화하는 과정이지만, 면역력이 지나친 경우 스스로에게는 치명적이며, 이는 자가면역(自家免疫, autoimmunity) 현상에서 극명하게 현시된다. 우리의 인체 면역 체계는 타자만이 아니라 자신이 보호해야 할 기관을 공격하는 경우도 발생한다. 가령, 당뇨 질환은 본인의 면역 체계가 자신의 췌장을 공격하여 야기되고, 류마티스성 관절염은 자신에 의해 생성된 자가항체(autoantibody)가 유발하는 증상이다. 또한 본인의 면역 체계가 장기 이식에 의해 옮겨온 기관을 공격하는 것은 지극히 당연한 것으로 보인다. 어떻든 우리는 이렇게 면역 체계가 타자로부터 자신의 신체를 방어할 뿐만 아니라 자신의 일부가 된 신체 또는 본래적 자기 신체를 공격하는 결과에 당면하게 된다. 이러한 자기 공격은 단지 자신과 타자를 구별하는 능력의 혼선에 기인한 것일 수도 있고, 그러한 능력이 적절하기보다는 과도하기 때문일 수도 있다. 후자의 경우를 대변하는 예는 알레르기 반응으로서, 자신에게 전혀 해를 끼치지 않을 정도의 꽃가루나 먼지에 과도한 면역반응을 일으켜 그 부산물인 가려움이나 콧물, 재채기 등이 오히려 스스로를 괴롭히는 원인으로 귀착하는 현상이 그것이다. (다른 의견이 있지만, 면역 유도 인자의 폭발적 증가를 일컫는 사이토카인 폭풍 혹은 폭포[cytokine storm, cytokine cascade, hypercytokinemia] 또한 자가면역에 버금가는 현상이라 할 수 있다.)

여기에서 데리다가 논한 자가면역의 논리를 잠시 참고할 필요가 있다. 그에 따르면 면역은 항상 자가면역을, 즉 개체의 공격은 타자만이 아니라 항상 자신에 대한 공격과 자기 파괴를 포함한다. 사회적 차원에서 설명하자면 군대의 존재 이유는 외부에 대한 경계만이 아니라 내부에 대한 통제에도 있다. 민주주의의 의사 결정 과정은 극단적인 경우 민주주의라는 형식의 포기마저 결의할 수 있다. 우리의 삶은 생명 현상의 지속이지만 다른 한편으로는 시간 속에서 이러한 생명 현상을 지속적으로 소진해가는 과정이기도 하다. 여기에서 우리는 한병철의 논의에서와 달리 오늘날 우리 사회에서 면역 모델의 실효보다는 오히려 면역반응의 일환인 자가면역이 발현하고 있다는 관찰이 가능하다. 달리 말하자면, 개인과 사회의 관계는 의학적 면역현상에 버금가는 복잡한 관계 설정이 아직 진행 중이라고 진단되며, 오늘날은 이러한 면역 원리의 소거와 무화의 시대가 아니라 그 은유적 의미가 가속화하는 시대일 수 있다는 것이다.

에스포지토는 개인과 공동체 혹은 사회가 통약불가능성(incommensurability)으로 요약될 수밖에 없는, 소위 불가근 불가원(不可近 不可遠)의 관계에 있음을 인정하는데, 이는 사실 두터운 공동체주의와 실존적 개인주의 이후의 논리로서 설득력을 발휘한다. 그는 이러한 통약불가능의 논리를 개인과 개인 사이에서 더 나아가 개인과 그가 속한 공동체와의 관계 원리로 설명할 뿐만 아니라, 오늘날의 개인과 사회가 갖는 연계성을 한층 느슨하게 구상할 수 있게 하는 주요 모델로 제시한다. 이렇게 느슨한, 이른바 '불가능한' 공동체론은 그 기본적 전제와 결론 모두에 있어 타자는 타자로 남는다는 것으로 요약된다.[46] 이는 동시에 이상적 개념으로서의 사회 혹은 공동체 역시 결국 미완성의 지속적 재조정 과정 즉 부유적 개념으로 남는다는 사실을 환기시킨다. 어떻든 이러한 구도 속에서 개인과 사회의, 그리고 자아와 타자의 구별은 소거나 용도폐기의 대상이 아니라 오늘날 단지 다른 양상으로 전개되고 있을 뿐이며, 에스포지토의 면역학적 틀에 의한 개인과 사회에 대한 논의의 틀은 이에 대한 새로운 설명 방식을 제공하고 있다.

면역, 또 하나의 부유기표

여기에서 '면역' 역시 기표의 부유 운동, 즉 기표의 부단한 자기 재정의적 측면을 내장한 개념임이 확인된다. 이런 관점에서 자가면역은 자아에 대한 역공이라는 난관을 자아에 부과하지만, 이는 우리에게 면역학의 용도폐기보다는 면역 개념의 재정의, 즉 그 개념 자체에 대한 면역학적 관용을 주문한다. 자가면역은 면역현상이지만 기실 그 효과는 자기 파괴적인 결과로 귀착하기 때문에 통상적 면역기전과는 다른 양상의 발현으로 파악된다. 하지만 이러한 정반대의 결과는 시초의 개념을 전복하고 이를 포기하도록 하기보다는 오히려 이러한 개념의 조정과 변용을 요구하는 지점으로 여길 필요가 있다.

면역으로 규정된 개념은 그것이 실질적으로 실행된 사안들에 대한 관찰과 경험을 통해 새롭게 정의될 필요가 대두하는데, 이는 기표의 개념적 부유성을 증거하는 또 다른 예가 되고 있다. 가장 기본적 차원에서 이를 다시 살핀다면, 면역학적 과정이 외부 타자에 대한 저항과 퇴치의 능력인지 혹은 타자에 대한 친숙의 과정인지를 묻지 않을 수 없다. 그런 만큼 또 이 면역이라는 개념 혹은 기전이 과연 완성적 실체를 갖고 있는지까지도 의문시된다. 개념 또는 기전 그 자체가 실체이기보다는 부단한 실체 형성 혹은 유동의 과정으로 규정되어야 하는 것이 아닌지 하는 의문이 그것이다. 물론, 이러한 의문은 면역이라는 물리적 과정을 파악하는 개념적, 담론적 기재의 미비에 따른 것인지는 분명치 않다. 그것은 이 세계의 모든 존재가 플라톤적 구도의 이데아적인 존재(Being)이기보다는 미완성적 과정(Becoming)임을 드러내는 한 예이기에 충분하다.

우리에게 주어진 개념은 용도폐기보다는 부단한 부유와 재정의의 역사를 갖는다. 기표 자체의 부유성, 그 한 예에 속하는 면역 개념의 부유성은 개념적 정의에 있어 관용을 요구한다.[47] 이는 단지 개념 정의의 차원에 머물지 않고 그 내용에 있어서 면역 현상이 갖는 의의이기도 하다. 자아 그리고 우리라는 개체 단위는 순전한 차원의 면역 과정에 있지 않으며, 오히려 가장 적절한 의미의 면역이란 자기 완성적이기보다는 계속적인 자기 조정의 운동 과정이라 해야 한다.

면역은 우리가 항상 외부의 타자와 조정의 과정을 거치면서 존재해왔다는 것을 말해준다. 한병철이 우려하는 오늘날의 고도의 항상적 자기 감시의 구도는 단지 면역현상의 일부인 자가면역적 현상으로서, 이는 오히려 자신보다는 타자와의 부단한 교통관계의 필연성과 중요성을 말해준다. 이런 점에서 자가면역 역시 면역 개념 자체의 한계와 의의를 동시에 구현하는 과정임을 알 수 있다. 에스포지토는 급격한 세계화 과정에서 상징적 경계가 매우 다양해지고 증가했다고 진단하면서,[48] 이러한 환경 속에서 개인 특히 집단의 지나친 면역성과 소위 '선제적 면역 작용(preemptive immunization)'은 면역성의 부정적 발현으로 귀결할 뿐임을 강조한다. 그에 따르면 오늘날 한층 필요한 것은 느슨한 공동체, 그 가운데 타자에 열린 자아라는 구도이며, 타자에 대한 겸손과 관용 그리고 끊임없이 이들과 병존의 길을 모색하는 것이 이제까지의 우리의 모습이었고 이는 또 지속되어야 한다는 것이다.

3. 면역학의 조언

생물학적 차원의 정치 공간과 자기 윤리 혹은 미학

외부적 타자의 소멸에 대신하는 내부적 타자론 역시 넓은 의미의 타자론이다. '내부적 타자'라는 형용 모순은 한편으로 타자적 존재의 소멸을 말한다고 할 수 있지만, 이는 오히려 '타자'라는 개념이 포기될 수 없다는 것을 웅변해준다. 에스포지토의 논의가 갖는 의의를 한층 정확히 살피기 위해서는 푸코, 특히 후기 푸코의 저작들을 잠시 되돌아볼 필요가 있다. 푸코의 마지막 저작으로는 『성의 역사』(*Histoire de la sexualité*) 삼부작[49]을 들 수 있다. 특히 이 삼부작은 이즈음에 진행된 콜레주 드 프랑스(Collège de France)에서의 일련의 강의와 함께 그의 마지막 사유의 흐름을 읽을 수 있는 저술을 구성한다.[50] 이들 저작에서 전개된 주장과 시도들이 푸코의 전체 저술 가운데 갖는 의미는 다음 사항들에 대한 고려와 함께해야 한다.

먼저 푸코의 이들 저술은 이전의 작업과는 연장선에 있으면서도 분명 새로운 출발점을 형성하고 있다. 개인 그리고 인간이라는 주체가 어떻게 하나의 독자적 단위이기보다는 매우 복잡하게 권력과 그 연장선에 있는 담론의 망 내에서 움직이는 존재인가를 미시사적으로 탐구해온 이전까지의 연구는 후기 저술에서 생명 정치적 탐문과 윤리 미학적 궁구로 옮아간다. 여기에서 생명 정치적 탐문이라 함은 그의 이전 저술이 지속적으로 개인과 인간의 삶이 정치권력에 의해 침윤되고 그에 따라 창출된 것임을 설명한 바를 이어가면서 이를 더욱 강조하려는 구도를 말한다.

푸코에 따르면 19세기 이전의 주권 국가는 구성원인 국민들의 생명을 담보하고 있는 존재였다. 물론 이와 함께 많은 경우 국가는 국민들의 생활을 윤택하게 하고자 하는 의지 또한 갖추고 있었다. 하지만 19세기를 기점으로 국가는 국민에 대해 이러한 권력 행사의 범위와 수준을 넘어서는 존재로 부상하였다는 것이 후기 푸코의 강조점이다. 이에 따르면 국가는 이제 국민들의 삶의 질을 향상시키는 단계를 넘어 이들의 삶에 필수불가결한 존재로 부상하였다. 이는 앞 시대의 상황과 단지 미세한 차이만을 갖는 것처럼 보이지만, 국가는 이제 스스로의 결정에 따라 국민을 처벌하고 배제하거나 이들이 삶을 영위하는 데 있어 도움을 주는 수준을 넘어 국민의 하루하루 일상의 삶에 깊숙이 관여해 들어와 그 삶을 구성하는 필수 인자가 되었고, 이제 국민은 생물학적 안위마저 국가에 의탁하는 존재로 귀착했다는 것이다. 이러한 수준은 개인이 단지 권력의 차원에서 국가와 연계되는 것만이 아니라, 지극히 생물학적 수준에서의 침윤으로 인해 생물학적 정치(biopolitics)로 명명되어야 할 정도임을 보여준다.

이러한 구도는 국가 권력 내에서 국민으로서의 인간과 개인이 철저히 수동적 위치에 있을 수밖에 없다는 것을 강조한다. 하지만 푸코의 후기 저작과 강연 등은 개인의 삶에 대해 또 다른 주문을 제시하고 있다. 그것은 윤리 미학이라 할 수 있는 것으로, 앞서 제기된 두터운 국가 주권적 공간에서 자유에 기반한 개인의 자기 결정력을 확보하고 살피고자 하는 논의이다. 사실, 이전까지는 국가적 권력이 전방위적으로 행사되는 공간과 그 위력을 탐문하는데 주력해온 그가 돌연 이러한 조건 내에서 개인적 위치와 대처 방법을 논하는 전회를 보이는 것은 놀라운 일로 받아들여질 수밖에 없다.

하지만 푸코가 이제까지의 저작 속에서 그 어떤 이론보다도 더 미세하게 권력 네트워크 즉 통치성(govermentality)을 기술하고 또 이를 강조한 만큼, 오히려 그것은 이러한 상황 속에서 한층 더 적절하고 효과적인 개인적 저항에 대한 암중모색이 진행될 수 있는 배경이 되었다고 할 수 있다. 이 시기의 대담에서 "저항 없는 권력관계는 없다"[51]는 그의 언명은 분명 역설적 사실 관계의 확인이자 이론가의 심중에 내재하는 욕망의 표현이기도 하다. 그것은 한편으로 권력 대상의 저항이 없는 곳에 권력 행사란 성립하지 않는다는 역설적 논리에 의해 저항의 차원을 이끌어내고, 다른 한편으로 그의 권력론의 이면에는 항상 권력에 대한 저항과 전복을 꿈꾸는 이론과 욕망이 이어져오고 있음을 노정한 것이라 할 수 있다.

후기의 푸코가 개진하는 개인의 윤리와 미학은 서구 윤리학의 시원에 위치한 덕의 윤리학으로 거슬러 올라간 것이라고 해도 과언이 아니다. 아리스토텔레스의 윤리학은 정작 개인이 다른 사람을 어떻게 대하고 어떠한 행동을 하는 것이 도덕적인 것인가를 논하기보다는, 오히려 개인의 행복(eudaimonia)이 어떻게 달성될 수 있는지를 논의하는 것에 더 많은 부분을 할애하였다.[52] 플라톤에 있어 이데아(Idea)의 세계는 사물과 개념 그리고 우리의 삶이 세속에 때 묻지 않고 가장 순수하고 높은 차원에서 존재하는 방식이었다. 이러한 논리의 반대편에서 아리스토텔레스는 개인이 자신의 역량을 최대한 발휘하고 탁월성(arete)을 완성해내는 상태를 최상의 행복의 상태로 여긴다. 여기에서는 자신의 잠재력을 최대한 실현하는 개인의 자기 관리와 성취는 자신 이외의 타자에 대한 태도에 있어서도 동일한 방식으로 수행될 것이라는 기대가 가능하다. 자기 자신에 대한 배려와 타자에 대한 배려는 그 방식에 있어 유비성을 갖는다는 기대인 것이다. 여기에서 한 걸음 더 나아가 이렇게 주변으로 확대되는 배려에 대한 기대는 결국 자기 자신에 대한 배려와 완전히 배치되지 않는다는 점 역시 지적되어야 한다. 즉, 자신의 주변에 대한 배려는 소위 '자신의 주요 동심원(golden circle of me)'의 확대라는 측면에 있어, 타자는 자아에게 대립적이기보다는 상보적인 위치를 갖는다. 아리스토텔레스의 윤리학의 연장선에 정치학이 있는 것은 우리가 자아의 행복을 위해 사회적 공간을 필히 탐색할 필요가 있다는 것과 함께, 자아 확대의 측면에서 이것이 생산적 공간으로 작용할 수 있기 때문이다. 우리는 동양에서의 수신제가(修身齊家)의 논리가 이러한 고려에서 멀지 않음을 알 수 있다.

이러한 구도가 말해주는 것은 푸코의 자아 윤리와 미학이 자아만을 보전하는 것이기보다는 타자와 외부에 대한 대처 방식으로 상정된다는 점이다. 자본 가치를 척도로 하는 신자유주의는 오늘날 치밀한 통치성의 기초를 형성하는 논리로서, 개인에게 무한한 자유의 허용과 함께하는 공적 통제의 포기는 통치성의 철회이기보다는 훨씬 진화하고 세련된 통치 방식의 구사임을 간과할 수 없다. 신자유주의하에서 자아를 생각하는 것은 개인주의적일 수 있다. 하지만 이러한 구도를 무겁게 그리고 철저히 받아들이면서도 바로 그 논리의 한가운데서 개인적 힘의 행사가 가능한 저항의 지점을 찾는 것은 보드리야르적인 '치명적' 전략과 유사성을 갖는다. 신자유주의 논리의 이면에서 생명 정치라 명명할 수 있을 정도로 개인적 차원까지 도달하는 공적 통치성이 개인의 생물학적 면역성에 대한 재점검과 이에 대해 일정한 기대를 갖게 하는 동인이다.

생명 정치와 신자유주의적 통치성의 공간 내에서 푸코가 개인의 자기 배려와 윤리 그리고 미학을 내용으로 하는 자기 기술(自己技術, self-technology)을 통해 말하고자 한 작업의 연장선에 에스포지토의 면역학적 논의가 있다. 에스포지토의 면역학은 개인의 면역력과 자가면역적 조건 속에서도 개인의 존재 논리에 신뢰를 두고 있다. 그것은 과도한 면역보다는 외부의 이질적 논리를 받아들임으로써 자아 윤리의 지속적인 운동을 모색하면서, 자아의 미학과 윤리가 오로지 자기 자신에게만 함몰되는 논리를 배제하고, 아리스토텔레스의 고전적 자아 윤리와 더불어 푸코의 자기 기술을 포괄하는 조언을 새롭게 제시하고 있다.

자아와 타자의 구도

위 논의를 요약하자면, 사회적 논리의 차원에서 개인의 면역은 자아와 타자 사이의 일방적 배제와 저항의 구도가 아니라, 양자의 상호 관계 더 나아가 관용을 주문하고 있다는 것이다. 물론 면역의 첫째 기능은 위해한 외부 이물질을 퇴치하는 것이다. 개별 생물체가 자기 나름의 특정한 단위를 구성할 수밖에 없다면, 그 외부와 타자 또한 상정하지 않을 수 없을 것이고, 이에 따라 자아와 타자의 구도는 탈피할 수 없는 틀로 보인다. 이러한 조건 속에서 자아와 타자 사이에 면역적 구도가 형성되고 지속될 수밖에 없는 것 또한 피할 수 없는 틀이 된다. 이런 가운데, 면역적 구도는 자아가 타자를 배제하는 논리로 시작하였지만, 그 함의와 실천에 있어 자아와 타자의 병존의 논리로 변모한다.

이로써 면역학적 논리 자체도 부정적 차원에서 폐기되어야 할 대상이기보다는 삶의 논리로 포용해야 할 조건임이 분명해진다. 이를 일반화하여 말하자면 타자에 대한 자아의 면역 반응은 우리로 하여금 부정적이기보다는 긍정적 반응으로서, 그리고 자아가 타자와 어떻든 익숙해지는 삶의 과정이자 구도로서 파악하게끔 한다. 개체의 삶은 이미 타자와의 면역적 반응 속에서 삶을 영위하도록 진화하여왔고, 타자의 완전한 제거는 오히려 자아의 정체성을 지우고 또 위태롭게 하는 선택이 되었다. 기생충 등 소위 해충의 박멸이 인간의 전반적 면역체계를 약화시킨 요인으로 작용하고 있다는 보고들은 아직은 가설단계에 머물고 있지만, 이러한 가설들에 대한 논의 과정에서 산출되는 교훈이 우리의 삶에 시사하는 바는 놓칠 수 없다.[53)]

이러한 최소한의 교호 관계를 염두에 둔다면, 완벽한 면역은 불가능하고 또 바람직하지도 않으며, 이런 점에서 불완전한 면역 혹은 면역학적 관용이 오히려 적정한 수준의 면역이라 해야 할 것이다. 앞에서 살핀 자가면역 현상은 면역작용의 오류이기보다는 완벽한 면역에의 목표가 과민반응을 일으키는 가운데 발생하는 현상으로 이해된다. 하지만 어떻든 자가면역 역시 면역 현상의 한 표현인바(마치, 헤겔과 프로이트에게 있어서 어떤 사태와 사물에 대한 '부정'은 우선적으로 그에 대한 선인지[先認知]를 전제하고 있듯이), 이에 당면하여 인간은 면역 체계 자체를 포기할 수 없고 오직 면역의 강도와 선별력을 조정하는 방식을 채택할 수밖에 없다. 면역 개념 혹은 그 기전은 자신의 논리 내에 스스로의 일부이자 반대항인 자가면역 또한 포함하고 있으며, 여기에서 면역은 자기 파괴적인 과정 속에서 즉 개념과 정체성의 부유 과정 속에서 자기를 정해나가는 긴장의 동역학임이 다시 한 번 확인된다.

주체 해체 혹은 탈개인

에스포지토의 면역에 대한 논의의 중요 시사점 가운데 하나는 개인의 정체성에 관한 것이고, 그것은 개인과 그 외부로서의 비개인, 비인간, 탈인간, 탈인격 등으로 번역될 수 있는 탈개인(the impersonal)이 형성하는 구도에 대한 논의를 포함한다. 여기에서 주의를 요하는 사항은 비개인이 개인과 반대되는 개념은 아니라는 점이다. 에스포지토가 푸코와 들뢰즈(Gilles Deleuze, 1925~1995)의 연장선에 있다는 것은 그의 이론이 '개인(individual)'보다는 '주체(subject)'의 수준에서 더욱 분명해지는 개념이기 때문이다. 이는 (우리가 오늘날 당면한 것으로 상정되는) 주체의 해체라는, 즉 개인은 개인이기보다는 훨씬 복합적인 네트워크 속에 있다는, 소위 포스트모던 프레임 안에서 이해되는 사안이다.

물론 "나는 생각한다. 고로 나는 존재한다(Cogito, ergo sum)"는 데카르트의 논리 또한 주체의 단일성을 상정하는 것은 아니다. 그것은 단지 개인을 의심할 수 없는 논거의 첫 머리에 두면서, 이를 기반으로 인간은 사유하는 정신과 그에 부수된 육체라는 이분법적 구조 속에 있다는 다음 논리로 나아가고 있다. 그럼에도 포스트모던의 주체론이 데카르트적 주체론과 차이를 갖는 것은 개인이 순수한 사유에 의해 진정으로 스스로를 파악할 수 있는가라는 문제 제기에 있다. 그리고 이러한 파악 과정에서 주요 도구로 선별된 이성의 지위에 대한 의심이 바로 주체 해체의 논리적 근간을 이룬다. 데카르트 이래 우월적 지위를 차지하고 있는 이성은 마르크스에서의 정신에 대한 물질주의적 반성, 니체에서의 부단한 생성과정으로서의 생명현상, 그리고 프로이트에서 의식의 뒷면에서 훨씬 커다란 힘을 갖는 무의식의 존재 등에 의해 전복적 전기를 맞는다. 이러한 주체 해체의 논리가 낳은 가장 극단적 예로는 라캉(Jacques Lacan, 1901~1981)에서와 같이 "나는 내가 생각하는 곳에 있지 않다"는 주장을 들 수 있겠다.[54] 여기에는 개인이 순수한 이성에 의해 자신을 정확하고도 완벽하게 이해하고 장악할 수 있다는 믿음에 대한 의심과 함께, 순수한 이성적 과정으로 파악된 나는 부단한 삶의 한 시점에서 단지 반성적으로 수합된 나일 뿐이라는 시각이 담겨 있다. 이렇게 이성의 선험성과 보편성 그리고 정연한 질서의 우월성에 기초하여 구축된 개인(individual)에 대한 의심은 이제 소문을 넘어 어느 정도 견고한 논리로 자리 잡아 가고 있다.

푸코와 들뢰즈의 주체(subject)에 대한 논의 역시 이러한 지점에 닿아 있다. 푸코의 마지막 논지에 대한 들뢰즈의 평가는 두 이론가의 생각을 결집하여 보여준다. 푸코의 생명 철학은 생명이 처한 불리한 조건들을 드러내는 데 많은 부분을 할애하였다. 들뢰즈의 평가에 따르자면, 푸코는 이 시점에서 구조의 '보편성(universality)'보다는 생명의 '횡단가능성(transversality)'에 주목하고 있으며 이에 따라 권력이 생명을 대상으로 다룰 때 생명현상 그 자체를 권력에 대한 저항이 될 수 있는 지점으로 확인하고자 하였다.[55)]

들뢰즈에게 주체의 분열은 주체의 충만과 넘침을 의미하는 것이었으며, 그는 푸코의 주체론 또한 생명 정치적 상황 속에서 마침내—그의 저작 저변에서 항상 암중모색해온 듯한—생명 현상이 갖는 저항성에 착근하고 있는 것으로 환영하고 있다. 하지만 에스포지토가 특히 들뢰즈에서 주목하면서 이어가고자 하는 것은 몸과 인간 자체를 은유적으로, 그리고 실질적이자 기계론적 차원에서 해석하고자 한 들뢰즈의 시각이었으며, 그는 이를 생명 현상에 대한 부정이기보다는 매우 역설적 방식의 긍정으로 평가한다. 에스포지토는 들뢰즈의 몸에 대한 기계론적 차원의 이해를 하나의 예로 삼으면서, 이제까지의 지나치게 인간 중심론적인 인간에 대한 정의가 오히려 인간 스스로에게 상당한 족쇄로 작용해왔다는 반성을 촉구한다.

인간 중심의 휴머니즘은 어느 정도까지는 휴머니즘의 설정과 실천에 긍정적 작용을 할 수 있지만, 그것이 비생산적이고 부정적 계기로도 작용할 수 있다는 것이 에스포지토의 주요 주장 가운데 하나이다. 가령 인간의 기준 혹은 정체성의 반대항으로 동원되는 동물과 사물은 인간적 영역의 완전한 외부 존재인지는 분명치 않다. 더구나 인간이라는 정체성의 구획에 있어 이들 존재를 전적으로 배제하는 것이 과연 인간에 대한 온전한 이해와 존중을 위해 참으로 적절한 것인지도 의문이다. 오히려 인간은 동물적, 물적 차원 역시 갖고 있다는 것이 더 자명한 인식인 것으로 보이고, 이들을 구분하는 경계의 소거가 인간 정체성의 확대에 긍정적 계기로 작용할 수 있는 것 또한 분명하다. 에스포지토는 이러한 기존의 인간 영역 너머의 존재들을 '탈개인'으로 통칭하면서 인간에 대한 새로운 이해의 기재로 소집한다.

물론, 에스포지토의 '탈개인'은 우선적으로 제3자에 대한 지칭 즉 3인칭의 영역이 갖는 특징에 주목한다. 그것은 기존의 나와 너로 통칭되어온 영역에 대한 재설정을 위한 제안이다. 앞서 살핀 오늘의 사유 속에서 순수한 자아를 지칭하는 '나'와 그 정반대편의 모든 사람과 사물을 '타자'라고 통칭하는 이분법은 논리적이지도 않고 또 바람직한 존재 방식도 아니다. 에스포지토는 특히 '너'라는 2인칭은 단지 '나'라는 1인칭의 반대항, 나를 제외한 모두라는 피동적 방식으로 정의될 수밖에 없는 한계를 지적한다. 이런 가운데, 개인에 대한 이해에 있어 에스포지토의 탈개인론은 '자신의 주요 동심원'을 확대하는 시각으로 작용하고, 한 걸음 더 나아가 그의 정치사회적 측면에서의 면역적 관용에 대한 강조와 합류하고 있다.

에스포지토의 이러한 기획은 궁극적으로 생명 정치론의 부정적 차원을 긍정적 차원으로 변경하려는 노력의 일환으로, 이를 위해 들뢰즈의 '되기(becoming)'의 논리를 차용한다. 베르그송(Henri Bergson, 1859~1941)

으로부터 이어지는 창조적 과정으로서의 생명현상은 들뢰즈에서 존재(to be)이기보다는 부단히 무엇인가로 되어가는(becoming) 과정임이 더욱 강조된다.[56] 특히 생명의 부단한 변용력은 생명 현상이 주어진 사실이기보다는 운동으로서의 유지와 변모 능력을 발휘하고, 그 논리와 실행에 있어 동일성의 재생산이 아니라 부단한 차이의 생성과정으로 자기 파괴적인 즉 자가면역적인 차원을 포함한다.[57] 이러한 구도 속에서 개인 더 나아가 인간의 자아 확대와 자기 극복은 상보적 반대항으로 작용한다.

4. 탈개인의 전략

정의(正義), 글쓰기, 그리고 동물되기

구체적으로 에스포지토가 탈개인으로 지목하는 예로는 정의와 글쓰기 그리고 동물되기가 있다. 정의는 개인과 개인 사이를 규율하는 원칙으로, 이는 개인의 개체성이 상호 배제되기보다는 상호 중첩되는 가운데 확정될 수 있는 공유 부분이다. 이러한 시각은 우리로 하여금 주체를 근래의 이론에서 일반적으로 상정하듯 분열된 차원보다는 타자 그리고 집단과 겹치는 차원에서 이해할 것을 주문한다. 더불어 말(언어)은 공동체 공간에 사물로 투여된 형식이고 말이 객관화 즉 비인간화된 존재가 글이다. 글은 원래의 화자 혹은 글쓴이에게서 기원하는 차원 못지않게 그러한 기원으로부터 거리를 갖는 사물 형식인 점 또한 부인할 수 없다. 이렇게 사물화한 언명은 그 발화자를 애초의 영토로부터 부단히 사물의 공간으로 끌어들이고 확장하는 역할을 수행한다.

정의와 글쓰기에 이어 에스포지토가 주목하는 '동물되기'는 들뢰즈적 사유가 창출한 주요 개념 중 하나이다. 동물되기에서 '동물' 차원에 대한 들뢰즈의 주목은 인간의 욕망이 외적 조건에 의해 생성된다는 억압가설에 대한 이의 제기의 연장선에 있다. 인간의 욕망을 우리 내면의 생산적 에너지의 흐름으로 파악하는 들뢰즈가 인간의 동물적 차원에 주목하는 것은 인간에 대한 정의(定義)의 폭을 넓히고자 하는 의욕을 담고 있다. 이런 점은 '되기'라는 한층 포괄적 개념에 의해 더욱 분명해진다. 들뢰즈가 구조주의자이기보다는 탈구조주의자로 분류되는 이유는 그가 생명 현상을 하나의 구조보다는 부단한 탈구조의 측면에서 접근해야 한다는 논지를 다양한 예를 통해 제기하고 있기 때문이다. 이러한 탈구조의 기조는 바로 생명이란 지속적인 자기 창조와 삭제라는 불확정성 속에서 잉여를 산출해내는 과정임을 강조한다.

들뢰즈의 동물되기는 인간과 동물 사이의 경계 긋기보다는 양자의 중첩을 새롭게 복원하면서, 둘 사이의 차이와 연계가 함께하는 차연적 재구성에 의한 촉발과 항진을 추구한다. 들뢰즈의 잘 알려진 예로는 멜빌의 『모비딕』(*Moby-Dick; or, The Whale*, 1851)에서 에이합(Ahab) 선장의 경우로서, 거대한 고래와 에이합은 상호에게 교감하듯 열린 관계를 형성하면서 생명 현상의 힘과 창조적 도발을 생성해낸다.[58] 물론 우리는 둘의 이 경계 허물기가 비극으로 귀결되는 점 또한 간과할 수 없다. 하지만 주어진 경계와 벽을 허물고 이를 넘나드는 것의 위험성에도 불구하고, 이러한 소위 '탈주'의 생명 현상은 에너지의 흐름이자 과정으로서 인간과 동물의 경계를 확정하기보다는 양자가 상보적으로 각축하는 가운데, 우리로 하여금 생명 현상의 흐름에 대해 다시 한 번 사유하도록 촉발한다.

인간과 동물의 관계가 단지 이러한 경계 넘기만의 차원에서 중요한 것은 아니다. 동물에 대한 대우와 경계 설정은 인간에 대한 경계 즉 인간이란 무엇인가, 휴머니즘이란 무엇인가를 다시 묻고 새롭게 대답하도록 한다. 특히, 데리다와 슬로터다이크(Peter Sloterdijk, 1947~)가 휴머니즘을 재론하면서 동물의 문제를 거론하는 것은 바로 이런 이유에서이다.[59] 이들은 하이데거가 인간 존재의 중요성을 강조하기 위해 인간의 '실존'을 '동물적 존재'의 경우와 차별을 두고 설명한 것에 대해 반성적 성찰을 주문하면서, 휴머니즘의 경계와 내용에 대한 또 다른 재고를 제안한다. 이 두 논의가 제기하는 문제와 함의는 매우 복합적이지만, 공통적으로 이들에 내재한 논리는 동물에 대한 인간의 대우와 인간의 동물적 특성에 대한 고려는 곧바로 인간 자체에 대한 대우 및 그 정체성에 대한 정의와 직결될 수밖에 없다는 것이다. 이를 감안한다면 이들 논의는 인간에 대한 적절한 이해를 위해 인간중심주의를 비판하면서, 일종의 포스트휴먼의 논지에 합류한다고 할 수 있다.

요약하건대 에스포지토의 면역론은 주체에 대해 면역학적 관용을 주문한다. 이러한 면역학적 관용의 관점은 몸 자체에, 그 연장선에서 몸과 정신의 관계에, 더 나아가 정신적 내면에 대해 상당한 함의를 담고 있다. 그 가운데 하나는, 생명 현상은 부단히 비생명적인 과정에 대해 관용의 수준에서, 즉 저항과 수용의 수준에서 열린 태도를 견지할 것을 주문한다. 그는 자아와 비자아가 교호하는 관용의 제3지대를 '탈개인'이라 통칭하면서, 그 구체적 예로 정의에 대한 관심과 글쓰기, 그리고 동물되기를 들고 있는 것이다.

굳이 부연하자면 정의는 개인이 사회적 영역에 대해 갖는 공정한 관심으로서, 그것은 공적인 기준에 의한 판단과 개인 스스로의 판단이 고민스럽게 중첩되고 그에 따라 개인은 공적이자 사적인 책임 또한 감내해야 하는 영역이다. 이는 공적 도덕과 사적 윤리의 부단한 긴장과 교호를 주문한다. 글쓰기는 말과 사물 사이, 소프트웨어와 하드웨어 사이의 어디쯤에 위치한 활동으로 정신적 사유이자 물질적 존재로서의 지위를 갖는다. 이런 점에서 글쓰기는 그 존재론적 위상에 있어 자아와 물질세계의 중간 역에 속하는 활동이다. 동물되기 또한 인간의 생명과 삶의 근간에 대한 재고를 주문한다. 이와 함께 이러한 재고는 생태적 입장에서 인간의 영역과 동물의 영역에 대한 선명한 구별을 폐기하고 이들을 재구획함으로써, 오히려 인간의 삶에 내재한 다층적 의미를 회복할 수 있음을 강조한다.

면역학적 관용 — 존재의 목자

'면역'이라는 개념은 그 개념의 정의에 있어 순수하고 완벽한 개념으로서보다는 오히려 '오염된' 그리고 관용이 허여된 개념으로서 작용한다. 이렇게 '면역'이라는 기표는 조금은 자기 모순적으로 해체된 기표로서의 부유기표이다. 하지만 그 부유성은 자기 내부에 유폐된 부유이기보다는 자신의 외부에 대한 확인과 그에 대한 부단한 지향을 위해서이다. 여기에서 다시 한 번 기표는 항상 자신의 외부를 지향하는 에너지 속에서 기능한다는 것, 즉 외부 세계를 향한 움직임이라는 것에 유의할 필요가 있다. 이와 함께 우리는 인간의 삶이 생명이라는 순수한 기표이기보다는 외부의 대상들에 대한 개방적 관용 가운데 유지된다는 것을 재확인할 수 있다. 이러한 논지는 인간의 생명 더 나아가 인간에 대한 재정의를 촉구하고 있다. 당연한 사실이지만 인간은 인간 이외의 물리적 조건에 의해 한계가 설정된 존재이다.

앞서 살핀 바와 같이 인간과 동물의 차별성에 관한 하이데거의 관점에 대해 데리다와 슬로터다이크가 비판적 재고를 주문하고 있지만, 이들은 그 사유의 계보에 있어 어떻든 하이데거의 휴머니즘에 대한 재기획의 기조를 이어받고 있는 것도 사실이다. 이런 점에서 하이데거가 인간의 개별적 삶보다는 '존재'의 우위를 말하고, 인간을 "존재의 목자(牧者)(der Hirt des Seins, the shepherd of Being)"라고 말하는 것은 우리로 하여금 인간의 삶에 앞서고 또 한층 넓은 동심원으로 자리하고 있는 조건들을 살피도록 권한 것이다.[60] 하이데거 철학의 주된 논의가 존재, 존재자 그리고 시간의 문제에 집중한 까닭이 여기에 있다. 인간의 삶은 결국 공간보다는 시간의 흐름 속에서 더욱 선명하게 그 성격을 드러낸다. 이 물리적이고 냉혹한 시간에 대해 인간의 삶은 순응하는 것인지, 저항하는 것인지 분명치 않다. 우리의 삶은 시간의 원리에 개방되어야만 그 존재성을 부여받게 되고, 이는 우리의 삶이 시간 그리고 그 개인적 종착지인 죽음으로 순응하는 것인지 아니면 저항해나가는 것인지 또한 분명치 않음을 말해준다. 이는 인간과 물질계, 문화와 외부 세계, 기호와 대상은 저항과 순응의 이항대립이 아니라 자가면역을 포함하는 면역적 관계 속에 있음을 웅변하고 있다.

Ⅳ

거울 단계-오인과 사랑

1. 거울 앞의 나

자아 인식 구조의 한계

인간의 외부 세계에 대한 반응, 그리고 그에 따른 인간의 정체성 확립과 그 내용을 설명하는 틀로서 문화와 문학 이론 분야에서 자주 차용되는 예로는 라캉(Jacques Lacan)의 '거울 단계론'이 있다. 1946년에 첫 선을 보인 이후 1949년에 완성된 모습으로 제시된 이 논문("Le Stade du miroir"[The Mirror Stage], 원제는 "Le Stade du miroir comme formateur de la fonction du Je: telle qu'elle nous est révélée dans l'expérience psychanalytique")은 유아기 인간의 자기 인식에 대해 그 정확성보다는 오인과 그것의 지속을 주장한다.[61)]

이에 따르면 어린아이는 생후 6개월에서 18개월 사

이에 거울 앞에 서는 경우, 거울에 비친 모습을 자신의 것으로 인식하는 과정을 거친다. 더 나아가 어린아이는 돌연 거울 속의 모습이 자신이라는 것을 깨닫는 '아하 하는 경험(Aha-Erlebnis)'을 얻는 반면, 원숭이의 경우에는 거울에 비친 모습과 스스로를 동일시하지 못하고 단지 다른 원숭이로 여기면서 격한 반응을 보이거나 곧 흥미를 잃는다. 라캉에 따르면 어린아이 즉 인간은 이러한 과정에서 일종의 선지각(apperception)이 작용하면서 거울의 상을 자신의 것으로 오인(maiconnaissance, misrecognition)한다. 그것이 오인인 것은 기실 육체적으로나 정신적으로 아직 통일된 자기 인식을 갖지 못한 상태에서의 어린아이가 거울 속에서 통일되고 일관된 모습으로 다가오는 모습을 자신의 것으로 여기기 때문이다.

인간 의식의 발달 과정을 이렇게 그려내는 구도는 주목할 만한 다수의 함의를 갖는다. 그 첫째는 이 역시 데카르트적인 사유가 제시하는 자기 인식의 엄밀성에 대한 반론이다. 거울 단계론은 인간의 자기 인식이 대상에 대해 행할 수 있는 사유의 엄밀성을 유보하는 오늘의 대표적 견해 가운데 하나이다. 데카르트적 코기토의 체계는 스스로의 방법에 대한 신뢰를 확보하고 이어서 대상에 대한 정확한 인식으로 나아간다. 거울 단계론으로 시작하는 라캉의 이론은, 더 나아가 정신분석학 일반은 순전한 합리주의에 대해 매우 유보적이다. 물론 거울 단계론은 프로이트의 정신분석과 단순한 관계를 형성하지는 않는다. "프로이트로의 회귀"[62]라는 라캉의 명제와 달리, 실제로 그의 정신분석학은 프로이트를 이어받으면서 이를 한층 사변적인 이론으로 극단화했다는 평가가 잘못된 것만은 아니다. 물론 프로이트 또한 실험적, 임상적 관찰에 이어 매우 비약적인 이론적 추론으로 나아가는 일반적 양상을 보였다고 할 수 있는데, 라캉의 경우는 이론적 추론이 훨씬 더 증폭된 경우임에 분명하다.

라캉의 거울 단계론 역시 몇몇 심리학적이고 생물학적인 관찰들에 근거하여 논지가 전개되지만, 주요 사안은 라캉 자신의 추론이라고 할 수 있어, 라캉 이론의 지나친 사변성에 대한 비판은 상당 부분 정당한 것으로 다가온다. 거울 단계는 프로이트의 오이디푸스 단계 이전의 단계로서 인간 심리 전개에 있어 시기적으로 한층 더 앞선 틀로 제안된다. 특히 프로이트는 자아(Ego)가 무의식적 욕망(Id)과 도덕률(Superego)이라는 두 차원 사이에 낀 위치에서 매우 좁고 약한 입지를 갖는 존재에 불과함을 말하고 있다면,[63] 라캉의 거울 단계론은 이와는 다른 방식으로 특히 개인이 스스로를 파악해나가는 방식과 과정을 중심으로 자아를 설명하고자 한다.

거울 단계론은 인간이 자기 스스로를 파악하기 시작하는 단계에 있어서 온전한 자아 인식이 구조적으로 불가능하다는 것을 강조한다. 이런 점에서 자아 인식 혹은 인식된 자아는 스스로의 진정한 모습에서 유리된, 즉 스스로에서 소외된 상태에 놓이게 된다. 이는 마르크시즘에서의 경제사회적 소외론과는 전혀 다른 차원에서 인간은 스스로에 대해서도 인식론적으로 소외된 구조 속에 있다는 것을 말한다. 이러한 인식 구도는 어린 시절의 특정 기간 동안 발생하지만, 성인으로 진입함으로써 그것이 완전히 종료되는 것은 아니다. 라캉은 거울 단계의 구도를 상상계의 주요 모형으로 일반화하고, 이어서 그의 상징계, 실재계의 논리를 정립하면서 자신의 독특한 이론 체계를 구축한다. 인간의 상징계로의 진입은 언어와 문화 공간으로의 편입을 뜻하면서 이제 어린아이의 자아 인식은 이로부터 훨씬 더 확정적인 영향을 받는다. 자신을 넘어서는 공적 공간으로서의 언어와 문화 세계는 개인의 특이성을 능동적으로 반영할 수 있는 매체이기보다는 개인에 대한 동화와 훈육의 장으로 작용한다.

물론 상징계로의 편입으로 인해 우리의 내면이 완벽히 공적인 논리에 의해 지배받게 되는 것은 아니다. 이러한 편입 과정에 의해서도 전적으로 식민화되지 못하거나 혹은 이러한 과정으로 인해 후발적으로 생성된 잔여나 잉여가 후기의 라캉이 역점을 둔 실재계 개념에 의해 거론되는 부분이다. 상상계-상징계-실재계라는 세 단계 혹은 부문에 대한 라캉의 이론적 전개는 개인의 일생과 어느 정도 궤를 같이하지만, 인간 발달 과정은 이를 단선적으로 밟아가는 것이 아니라 중첩되는 구도로 유지한다는 점에 유의할 필요가 있다. 그러므로 거울 단계에서 관찰되는 인식론적 오인은 상징계와 실재계 등의 단계에서 변모하기보다는 복선적으로 이어지며 잔존하는 구도로 남는다. 거울 단계는 비트겐슈타인의 일회적 사다리가 아니라 계단과 같이 지속적으로 다음 단계의 기반으로 남아 있는 일부인 것이다.

형태(게슈탈트)적 사유의 능력 혹은 한계

거울 단계의 중요성에 비추어 이 개념에 대한 검토는 두 가지 측면에서 이루어져야 한다. 첫째는, 어린아이가 실제로 거울 앞에 서고 거기에서 자신의 모습을 보는 경험을 하지 못한 경우에도 거울 단계 과정을 거치는 것인가라는 질문이 있을 수 있다. 즉, 여기에서의 거울이 실제 거울이냐 하는 점이다. 라캉은 쾰러(Wolfgang Köhler)와 볼드윈(James Mark Baldwin) 등 당대 실험 심리학자들의 보고에 기초하여 거울 단계론을 전개하고 있지만, 프로이트의 경우에서와 같이 이러한 관찰과 보고의 함의를 확장하는 이론적 사유가 그의 본령인 것이 사실이다. 이후에도 라캉은 거울 단계를 자아 형성의 한 모델로 확장해가면서 이에 대해서는 은유적 의미를 부여하는데, 어린아이가 가령 자신 이외의 유적 유사성을 갖는 대상 즉 어머니나 다른 아이 더 나아가 언어 문화적 이상과 기대가 거울 대상에 해당하는 역할을 수행하는 것으로 설명한다. 이런 점에서 시력을 갖지 않는 아이 또한 거울 단계를 거치는 과정을 겪는다고 할 수 있다. 둘째는, 여기에 이어지는 질문으로, 거울을 통한 자기 기대의 구현, 정확히 말하자면 '오인'

에 의해 자아가 형성된다는 것은 결국 거울에 대한 경험 이전에 이미 자아라는 기전이 존재하고 또 기능하고 있다는 것을 전제해야 한다는 논리적 반론이 있을 수 있다. 이러한 반론은 과도한 논리적 순환 모순의 여지를 갖는바, 그 대답은 형태에 대한 완성적 인식 능력이라 할 수 있는 게슈탈트(Gestalt)론에 대해 거울 단계론이 갖는 변별성으로 대신할 수 있을 것이다.

거울 단계 논의의 전반부에서 라캉은 게슈탈트론을 자세히 거론한다. 게슈탈트는 '형태'를 뜻한다. 19세기 초에 많은 관심을 받은 게슈탈트 즉 형태 심리학은 인간이 대상에 대한 인식에 있어 부분적이기보다는 완성적 형태를 지향한다는 점을 강조한다. 여기에서는 부분과 전체와의 관계에 대해 전체는 부분의 단순한 집합이기보다는 부분의 상호 인식적 관계망으로 파악된다. 가령 눈, 코, 귀, 입 등이 얼굴의 구성 요소이지만 이들은 개별적으로 관찰되기보다는, 일차적으로 얼굴이라는 전체적 형태를 드러내는 요소로 다가온다는 것이다. 달리 말하면 얼굴이라는 전체적 형태 즉 관계의 망 속에서 이들 이목구비가 파악되고 그 의미를 부여받는다는 것이다. 물론 파악의 수준을 '눈'으로 더 좁힌 경우, 동공과 수정체 그리고 홍체라는 부분은 우선적으로 전체적 관계 즉 눈의 형태적 측면에서 파악될 것이다.

게슈탈트 심리학의 요점 가운데 하나는 우리의 의식이 사물을 무질서보다는 질서 즉 의미의 틀 속에서 파악하려는 성향을 갖는다는 점이다. 이에 따르면, 우리는 하나의 사물을 큰 의미 연쇄 속에서 이해하고, 또 다수의 사물의 경우 이들을 상호 일정한 관계 속에서 인식한다. 특히 다수의 사물들은 상호 연속되고 동일한 방향과 공통성을 갖는 형태로 인지된다. 우리에게 있어 인식이 개별 사물과 세계를 일정한 연계하에서 구조로 파악하고 이러한 구도 속에서 개체의 의미를 창출해내고자 하는 본래적 의지가 있음을 중요시한다는 점에서, 게슈탈트 심리학이 구조 심리학이라 불리는 것은 적절하다. 이는 무엇보다도 우리의 의식과 인식이 외부 세계에 의해 피동적으로 구성되기보다는 세계를 적극적으로 구성한다는 것을 역설한다. 게슈탈트 심리학의 이러한 측면은 바로 라캉의 거울 단계가 강조하는 인간의 자기 인식에 있어서의 선지각과 궤를 같이한다. 유사성(similarity), 근접성(proximity)과 함께 폐쇄성(closure)이 전체적인 게슈탈트(형태)를 완성하는 주요 내적 요인(Gestalt factors)을 형성하는 바와 같이, 완성된 형태의 배면에는 인식 범위의 한정이 자리하고 있다. 라캉은 인식의 이러한 특성을 일종의 선지식으로 설정하면서, 이것이 인간적 능력이자 정확성보다는 오류에 가까울 만큼 인간적 차원에서 실행되고 있다는 점에 주의를 환기시킨다.

더 나아가 주변 세계에 대한 인간의 구성적 인식을 논의한 게슈탈트 심리학과 라캉의 거울 단계론의 분기점은 형태적 인식의 내면에 있다. 게슈탈트 심리학은 외적 형태와 구조에 대한 인식의 특성을 정립한다. 하지만 라캉의 거울 단계론은 인간의 이러한 형태적 인식이 자신 이외의 대상에 대해, 특히 스스로의 몸에 대해서도 시각적 통일성을 구축하고 이와 동일시하지만, 정작 스스로의 몸 자체는 온전한 통일적 제어에 이르지 못하는 까닭에 인간의 시각적 인식과 감각적 실제 사이에는 불일치가 있음을 강조한다. 이것은 인간에게 시각적 요소의 중요성과 함께 이에 대한 지나친 신뢰에 따른 오류 가능성이 시각에 내재할 수 있음을 지적하는 것이다. 게슈탈트 심리학이 인지에 있어서 사물에 대한 외형적 통일을 강조한다면, 라캉의 거울 단계론은 실질적으로 인간의 자기 인식이 오히려 이로 인해 통일성이 결여된 자신의 미성숙한 여건을 의도적으로 간과하는 경향을 갖는다고 지적한다.

요약하자면, 인간의 거울 단계는 한편으로는 미성숙한 자신과 다른 한편으로는 게슈탈트적인 인식론적 기대에 의해 정연하게 파악된 외부 세계 사이의 회색 지대이다. 이 지점의 구성 요소는 미성숙한 육체와 그 바깥의 엄연한 외부 세계 그리고 어린아이의 선이해이다. 유아의 선이해를 어떻든 인간의 질서부여 '능력'이라고 한다면, 외부 세계와 미성숙한 육체는 무질서 상태의 타자라고 말할 수 있다. 하지만 다른 글에서 라캉이 거울 단계에서의 자아와 타자의 관계에 대해 세계의 대상들이 "자아의 떠도는 그림자"를 중심으로 구성된다고 언급하는 바와 같이,[64] 우리는 이러한 선이해에 기초한 이해가 정확한 이해이기보다는 오인이라는 점을 다시 한 번 확인할 필요가 있다. 이런 점에서 거울 단계는 인간 인지의 '능력'을 거론하기보다는 최종적으로는 인간 인지의 '한계'를 논하는 글이라 해야 한다.

거울에 비친 나의 잔해와 잉여

유아는 거울 단계를 모형으로 하는 상상계에 이어 상징계로 진입함에 따라 자아에 대한 개인적 이해의 틀을 넘어 한층 심화 확대된 사회 문화적 공간으로 편입되는 과정을 밟는다. 그리고 상징계 과정의 잉여로서의 실재계에 대한 라캉의 논의 또한 인간 인지의 한계를 가장 극명하게 보여주고자 하는 노력의 일환이다. 라캉의 이론 체계에 있어 인간 인지의 한계는 거울 단계론에서 단순한 초기 형태로 제시된 것이고, 이 논제는 그의 실재계론에서 정점을 이루고 있다.

라캉의 실재계는 기실 라캉의 개념에 기대어 지젝(Slavoj Žižek, 1949~)이 한층 복합적으로 정의하고 그가 이를 다양한 문화 현상의 해석에 동원해오면서 더 큰 영향력을 미치고 있는바, 우리는 지젝의 실재계에 대한 다수의 논의를 참조할 필요가 있다.[65] 라캉의 실재계(The Real, 實在界)가 원초계(原初界)로 번역되지 않는 이유는 그것이 상징 즉 언어와 기호 혹은 문화 이전의 단계를 가리키는 것만은 아니기 때문이다. '원초'라는 표현이 갖는 본래적인 측면을 지양하면서, '실재'는 본래적이기보다는 언어 문화적 망과의 관계에서 후발적으로, 그런 만큼 상대적이고 가변적으로 생성되는 측면을 반영하려는 용어 선택이다. 이런 까닭에 실재계는 특히 상징화 과정의 잔여, 잉여, 혹은 저항의 지점으로 정의된다. 예를 들면, 상징계에서 가장 명백한 강제성을 띤 기재는 법이라 할 수 있는데, 이러한 공적 강요에 의해 금지된 영역에 대한 욕망은 추가적으로 발생한다. 라캉의 상상과 상징 그리고 실재의 삼각구도가 프로이트의 의식-무의식, 혹은 이드-자아-초자아와 갖는 차이점은 라캉의 그것이 훨씬 더 상호 가역적인 역동적 구도를 취하고자 하는 의지에 있다고 평가되기도 한다. 물론, 이러한 평가에서는 프로이트의 개념들이 갖는 상호 역학관계가 매우 과소평가된 측면이 있는 만큼, 오히려 라캉의 이론이 프로이트적 개념의 상호 가역성을 이어받고 있다고 해야 더 적절할 것이다. 어떻든 라캉의 상상계-상징계-실재계의 상호 가역성은 세 개 부문이 고정된 영역이기보다는 상호 능동적 연계와 영향 관계 즉 보르메오 매듭과 같은 흐름 속에 있음을 잊지 않게 한다.

개인 일생에 있어 상상계는 일정 시점에서 종결되기보다는 수면 아래에 남으면서 기본적인 틀의 하나로 그 영향력을 행사하며, 상징계는 일상의 삶 그 자체일 만큼 명백한 공간이 되고, 이러한 과정 속에서 실재계는 상상계와 상징계 양자에게 편입되지 못한 어떤 부분이다. 그 존재가 보르메오 매듭과 같은 흐름 속에 파악되는 대표적 예로는 인간의 욕망을 들 수 있다. 순전한 차원의 생물학적 욕구와 근본적 차이를 갖는 욕망은 대상 자체에 대한 욕망 못지않게 문화적 차원에서, 즉 나를 둘러싼 환경과 무수한 타자들의 욕망들 가운데 발생하고 변모해간다. 동일한 방식으로 실재계는 상징계와 유동적이자 가역적인 관계 속에 있다. 상징계의 논리로 말한다면 실재계는 상징계의 바깥 혹은 내면의 빈 공간으로 이해될 수밖에 없다. 이것이 실재계를 설정하는 논리이기도 하다.

이런 가운데 실재계를 엿볼 수 있는 한 방법은 상징계의 간극 즉 모순의 틈에서이다. 종교에 대한 예화들이 이를 웅변한다. 가령 많은 종교적 대상은 논리에 기초하기보다는 "불합리하기에 믿는다(Credo quia absurdum)"는 말에서와 같이 합리적 이해 너머에 있기 때문에 오히려 믿음의 대상이 된다. 또한 종교적 교리의 치밀함은 정작 그 최정점에 '신이 존재한다'는 가장 치명적으로 불가해한 '기초' 위에 정립되어 있다. 이것은 신앙과 신에 대한 이해는 상징계의 합리적 논리가 모순의 틈을 보이는 지점에 위치해 있다는 것을 보여줄 수 있는 예이다.[66)]

라캉의 실재계는 상상계와 상징계의 관계 즉 연관 속에서 설정될 뿐이며, 이는 그의 구도 속에서 그야말로 칸트적인 물자체(物自體)에 버금가는 것으로, 그것에 대한 우리의 직접적 인식에 있어서는 매우 회의적일 수밖에 없다. "무의식(혹은 증상)은 언어처럼 구조화되어 있다"는 라캉의 언명은 상징계가 갖는 힘을 강조한다.[67)] 이것은 두 가지 의미에서 접근할 수 있다. 첫째로 언어와 무의식의 관계는 일찍이 프로이트가 꿈의 구조를 분석하면서 가장 주목한 부분이기도 하다. 언어의 은유와 환유, 압축과 대체 등의 양태는 꿈의 작동 방식에서 그대로 관찰된다. 따라서 높은 수준의 언어활동인 문학과 무의식적 활동으로서의 꿈은 그 복합성과 직조 방식에 있어 상호 유사성을 갖고 있으며, 이에 착안하여 꿈을 일상의 언어로 즉 의식으로 끌어낼 수 있다는 것이 프로이트가 꿈을 접근하는 방식이었다. 이런 점에서 문학과 예술 일반은 꿈에서가 아니라 현실 세계 속에서 개인의 무의식을 의식화하는 일종의 백일몽(白日夢, daydream)이라 할 수 있겠다. 이는 언어와 꿈 사이의 구조적 상동성을 말하는 것을 넘어, 둘 사이에 상호 교호가 있음을 시사한다. 둘째로 이러한 명제는 언어 체계 자체가 언어 사용자의 의식적 틀이기보다는 거의 무의시적 차원에서 작용한다는 점을 주목한 것이다. 인간의 언어 능력은 후천적이기보다는 선천적으로 내재한다는 촘스키의 논제는 언어가 오히려 무의식 차원에서 작동한다는 설명에서 멀지 않다고 할 수 있다.

프로이트로의 회귀를 강조하는 라캉의 경우도 인간의 발달 과정에서 개인의 상징계로의 진입은 피할 수 없는 과정으로서, 이미 거울 단계와 같은 상상계의 구도 속에서 자신에 대한 이해가 온전하지 못한 채 주체는 상징계의 공간 즉 언어문화 세계 속에 위치하게 된다. 이렇게 언어문화 세계에 산입된 주체는 은유와 환유 등 언어 현상의 논리—극단적으로 말해 꿈 현상의 논리—에 편입되면서 자아에 대한 진정한 이해로부터 더욱 먼 지점에 위치하게 된다. 언어 세계 속에서 주체가 스스로를 이해할 수 있는 매개 즉 도구는 언어뿐인바, 이는 곧 상징계 속의 우리 주체가 진정한 자기 이해에 도달한 것이 아니라 은유와 환유, 압축과 대체라는 무한한 나선형의 움직임 속에 있다는 것을 말해준다. 이런 점에서 우리의 실재는 실제로 물적으로 현존하기보다는 단지 위치 특히 동적 위치를 일컫는 것이라는 설명도 가능하다. 그 난삽함으로 인해 해득하기 어려운 과정을 거쳐 라캉이 제시하는 결론 가운데 하나는 결국 실재계에 대한 완전한 해득이기보다는 단지 그러한 틀에 대한 우리의 인지도를 높이는 것으로 요약된다. 실재가 실재인 것은 그 위치와 내용에 대한 직접적 인지가 불가능하기 때문으로, 그 어떤 설명도 오직 은유적 노력이나 추정에 지나지 않으며, 역설적이게도 이것이 실재의 존재 논거이기도 하다.

2. 실제 너머의 실재

주체 오인 혹은 왜곡의 공식

라캉이 현실 세계 내의 인간 주체를 설명하는 공식 가운데 하나는 "분열된 주체($)는 욕망의 작은 대상들(*a*)에 대해 왜상(歪像, ◇)의 관계에 있다($◇*a*)는 것"이다.[68] 거울 단계에서부터 주체는 인지와 현실 사이의 간극을 겪게 되고 이러한 구도는 상징계 속에서도 유사한 논리로 지속된다. 욕망의 작은 대상들(*autres, others*)이란 실재계의 충동(drive)이 직접적으로 드러나기 불가능한 상황 그 자체를 함의하는 작은 대상으로, 상징계의 욕망(desire)보다 훨씬 변경 지대에 위치한다. 상징계의 욕망이 사회 속의 부귀영화라면, 충동은 상징계의 법과 도덕 등의 경계를 넘나들며 작은 대상들을 통해 실재계의 일면을 드러내는 동력이다. 이 작은 대상들은 상징계라는 큰 대상(*Autre, The Other*)과는 구별되는, 사소하면서도 특정할 수 없이 부유하는 대상들이다. 분열된 주체와 이 작은 대상들 사이의 다이아몬드(lozenge, poinçon)는 상호 크거나 작거나(〈 〉) 혹은 논리적 합과 곱(∨ ∧)의 관계를 압축적으로 표현하면서, 주체가 현실 속에서 직면한 환상의 구도와 그 움직임을 설명하는 공식에 있어 핵심을 이룬다.

라캉은 이러한 주체와 환상의 공식을 사회와 개인 사이의 법칙으로 설정하면서 우리에게 이에 대한 적극적 인지를 주문하고 있다. 특히 그는 이 공식을 통해 현실의 삶에 실재계가 미치는 영향을 강조하고 있다. 이와 관련하여 라캉이 우리의 삶에 권유하는 것 가운데 하나는 "대상을 물(das Ding, 物)의 지위로 올리는 것"이다.[69] 이는 개인이 각자의 소소한 욕망의 대상에게 더욱 소중한 의미를 부여하는 삶을 권하는 것이라는 범박한 이해가 가능하다. 라캉은 중세 기사들이 자신의 이상형으로 어떤 한 여인을 선정하고 그녀를 위해 모든 영예를 돌리며 정성을 다했던 것을, 일상에서 발견되는 자신만의 조그만 대상을 높은 경지의 숭고한 대상으로 승화하는 예로 거론한다. (숭고한 대상이 반드시 긍정적이지는 않다. 여러 체제에서 자신들의 이념을 정당하기 위해 유태인이 '숭고한 대상'—기실은, 모든 죄를 뒤집어씌우는 대상—으로 '격상'되기도 한다는 점에 유의할 필요가 있다.[70])

위의 예에서와 같이 개인은 상징계가 제시하는 대타자의 주문에 전적으로 복속되지 않고, 정확히 말하자면 대타자의 원초적 부재를—즉 상징계에서 무소불위의 힘을 발휘하는 권위로서의 대타자는 결국 개인이 무의식적으로 상정하고 자발적으로 복종한 물신에 불과한 것임을—자각함으로써 실재에 대한 응시의 문턱에 올라설 수 있다. 이에 따라 "환상 거스르기(la traversée du fantasme, traversing fantasy[phantasy])"의 내용은 우리로 하여금 환상의 폐기보다는 환상을 거슬러 올라가는 과정에서 환상이 인간의 삶에 어쩔 수 없이 내재하는 조건이자 '최소한의' 의미 수준을 유지하게 한다는 것을 인정하도록 한다. 이렇게 다다른 문턱에서 우리는 인간에게 주어진 냉혹한 실재계에 대응하는 방식이 바로 환상이라는 증상으로서 현실의 삶을 위해 이에 대한 부득불한 긍정적 승인 또한 필요한 과정임을 자각하게 된다.[71)]

라캉의 실재계에 대한 논의는 의식화되지 않은 것, 인간화되지 않은 것의 중요성을 다시금 일깨우며, 인간 주체의 삶이 스스로의 사유와 의지로 완벽히 영위될 수 있는지에 대해 의문을 제기한다. 라캉이 이론화하고자 하는 실재는 실제로서의 현실(reality)보다 훨씬 더 핵심적인 것으로 상정된다. 그것은 인간의 삶에 있어 물자체 너머의 더 실제적이며 더 진정성이 있는 영향력을 행사하는 것으로 추정되는 세계이다. 프로이트에 대한 통상적인 비판 가운데 하나는 그가 무의식을 전반적으로 지나치게 성적 차원에서 접근하고 있다는 것이었다. 반면, 라캉의 "성 관계는 없다(Il n'y a pas de rapport sexuel)"[72)]는 괴이한 언명의 함의에 대해서는 다양한 해석이 따를 수밖에 없었다. 어떻든 이것은 인간의 본능적 차원을 넘어서는 이론을 구축하기 위한 라캉의 노력을 보여주는 단적인 예이다. 분명 이 언명은 인간의 성이 본능보다는 오히려 욕망, 기표와 담론 등 문화적 매개의 차원에서 혹은 이러한 망에 의해서도 포획할 수 없는 차원에서 이루어지고 있다는 것을 지적하고 있다. 라캉에서는 성적 관계라는 견고한 것 또한 허공으로 날아가 버렸다.

라캉의 실재계는 추상화된 순수 형식이다. 다시 지젝의 평가에 따르면 칸트가 이성의 능력과 한계를 설정하고자 순수 이성 비판 작업을 수행했다면, 이와 유사한 수준에서 라캉은 "순수 욕망 비판(critique of pure desire)"을 시도하고 있다.[73] 칸트의 이성에 대한 엄정한 평가가 이후 윤리학적 실천 이성과 미학적 판단력에 의해 더욱 면밀히 재점검되면서 이성의 한계와 능력에 대한 또 다른 차원에서의 탐문으로 이어지듯이, 라캉의 이론은 주체와 욕망이 그 확장과 변용 속에 지속되는 움직임을 추적하고 있다.

'실재에의 열정'의 시대

지난 세기의 사유 방식을 "실재에의 열정(la passion du réel)"으로 명명한 이는 바디우(Alain Badiou, 1937~)이다.[74] 바디우가 '실재' 개념을 사용하는 방식은 라캉보다 좀 더 현실적이고 분명하다. 그가 말하는 지난 세기의 실재에의 열정은 모든 도식적 사유를 넘어 가장 순전한 차원에 대한 추구를 말한다. 19세기에 구상한 여러 가지 이상을 가차 없이 현실에서 구현하려는 시도들이 20세기의 열정에 실려 실행되었다는 것이 바디우의 평가이다. 그 가차 없음의 내용은 수많은 폭력이었다. 이런 까닭에 도식을 넘어 순수한 차원으로서의 실재에 대한 지난 세기의 관심이 폭력적이고 헛된 욕망으로 귀결하였다는 비판에 당면하는 것은 당연하다. 하지만 바디우의 경우 한층 나은 세계로의 변화는 오직 변화에 대한 올바른 인식에 의해서만 가능하다. 그 변화는 현존하는 논리에 의한 일상의 진화에 의해서라기보다는 '사건(event)'에 의해서 실행된다.

바디우의 '사건의 철학'에 따르면 프랑스 혁명은 축적된 지식에 의해서가 아니라, 오히려 프랑스 혁명에 의해 만인의 자유와 평등 그리고 박애의 정신이 진리로 등극하고 이들 방향으로 지식이 후발적으로 전개되는 과정으로 설명된다. 이러한 논리에서 바디우는 지난 세기의 실재(계)에의 열정에 대해 전적으로 부정적이지는 않다. 그는 이러한 실재계가 당대의 상징계에 대해 일종의 사건적 관계에 있으며, 그 목표와 내용적 정당성은 실행

과정에서 행사된 폭력성에 의해 훼손되지 않는다. 기실 여기에서 주목되는 것은 바디우가 지난 세기의 실재에의 열정을 하나의 사건으로 정초하고 이에 대해 사유하고자 하는 것 자체이다.

바로 이런 의미에서 우리는 바디우 자신 또한 실재에의 열정 가운데 있고 라캉의 이론은 물론 프로이트 역시 실재에의 열정이라는 논리에서 파악할 필요가 있다. 단순화해서 말하자면 프로이트의 무의식은 실재계의 논리 속에 있다는 것이다. 라캉적 실재계가 프로이트의 무의식과 구별되는 차이에 대해 다양한 설명이 가능하지만, 그것은 프로이트적 무의식의 논리를 훨씬 더 깊은 '실재적' 차원에서 접근한다고 평가된다. 이런 까닭에 이는 그 대표적 예인 프로이트의 쾌락 원칙 너머와 죽음 충동 개념을 통해 설명될 수 있을 것이다.

프로이트 이론에 있어 무의식은 의식 세계가 문명 세계 속에서 상당한 쾌락을 억압하는 과정에서 생성된 단층이며, 무의식을 이렇게 확인하고 획정하는 과정에서 인간이 본래적으로 쾌락을 추구한다는 것은 당연한 명제로 받아들여진다. 하지만 후기의 프로이트는 인간의 모든 행위를 항상 쾌락 추구의 차원에서 설명할 수만은 없다는 관찰에 직면한다.[75] 가령, 어떤 환자는 고통스런 경험을 반복적으로 재연하고자 하는데, 사랑하는 사람과 헤어진 쓰라린 경험이 있었던 공항을 계속적으로 다시 찾는 경우 등이 그것이다. 인간이 쾌락을 찾고 고통을 잊고자 한다면, 이와 같이 고통스런 순간을 반복하는 행위는 어떻게 설명할 수 있을 것인가? 프로이트에 따르면, 이것은 쾌락 원칙 너머에서 반복 충동으로 이름할 수 있는 상위 원칙하에 고통을 재경험하면서 직면한 사태를 자기 나름대로 이해하고 제어하려는 개인의 심리 작용이다. 하지만 이는 지나치게 이성과 의식적 자아에 역점을 둔 해석일 수 있다는 가능성 또한 배제할 수 없다.

이 점에 관해서 우리는 잠시 리어(Jonathan Lear)의 설명에 귀 기울일 필요가 있다. 그에 따르면, 쾌락 원칙 너머의 세계는 실제에 있어, 혹은 아직 우리의 지식과 인식 체계로는, 미지의 세계라 하는 것이 더 적절하다. 쾌락 원칙 너머의 세계는 그 내용을 확인할 수 없는 세계라고 추정하는 것이 오히려 더 올바른 논리라는 것이다. 특히 프로이트가 이러한 쾌락 원칙 너머의 세계를 아래에서 살필 '죽음 충동'이라 설정하였고, 어떻든 이는 이후 정신분석학과 여타 사회문화 분야에서 매우 큰 영향력을

미친 방향 설정이었다.[76]

사실 죽음 충동을 제기한 프로이트의 후기 저작은 자신의 이전 이론의 연장이자 변모 속에서 그의 이론적 틀이 부단히 갱신되고 있음을 보여주는 좋은 예이다. 프로이트는 초기에서부터 의식과 무의식론을 정신세계의 지형학이 아닌 동역학 차원에서 파악하려고 노력하면서, 양자가 일정한 자기 영역을 갖고 있기보다는 힘의 흐름과 같이 상호 영향을 주고받는 관계에 있음을 강조하였다. 죽음 충동(Todestrieb)이 본능(instinct)이기보다는 충동(drive)으로 번역되는 것이 더 적절한 이유가 여기에 있다. 그는 이제까지 자신이 인간 삶의 많은 부분을 주로 성적 에너지의 관점에서 설명한 것에 대해 반성적 성찰을 시도한다. 성적 에너지로 대표되는 쾌락의 추구가 무소불위의 설명 원칙으로 자리 잡기에는 현실 세계 속에서 다른 다양한 관찰이 제시될 수 있기 때문이다. 그 대표적인 경우가 바로 위에서 언급한 고통스런 순간을 포함한 다양한 경험을 반복하려는 경향이다.

이러한 논리에 따르면 개인이 이미 경험한 고통스런 사태의 의도적 반복 충동은 어떤 기점의 순간이나 모습, 특히 시초적 단계로 귀환하고자 하는 경향으로, 그리고 이는 더 나아가 생물의 시초적 단계인 무생물 즉 사물(事物, 死物, 죽음) 단계로 나아가고자 하는 관성으로 이어진다. 프로이트의 전반기 이론체계는 의식과 무의식을 이론화하면서 이를 하나의 관점에서 설명하고자 에너지의 흐름이라는 구도를 동원하였듯이, 그의 후반기 이론체계는 이제 삶과 죽음이 대립되기보다는 삶은 죽음으로 향하고 죽음을 삶의 목표 수준에서 달리 해석한다. 소위 열반(Nirvana)의 경지라 불릴 수 있을 만큼 삶의 에너지가 평정을 찾는 것이 삶의 목표라는 논제이다. 이는 프로이트가 인도 철학 등 동양적 관점을 참조하면서 전개한 이론적 구도라는 측면도 갖고 있어 단순한 논제는 아닌 것이 분명하다. 또한 이는 그가 지난 세기 양차 대전의 한가운데에서 느낄 수밖에 없었던 비관적 세계관에 기인한 것이라고도 설명할 수 있다. 하지만 되돌아보면 이에 따라 인간 그리고 여타 생물체의 살고자 하는 의지가 돌연 죽고자 하는 의지로 설명되는 논리는 우리를 참으로 당혹스럽게 한다. 인간의 삶을 죽음 충동을 소실점으로 하는 장기적 에너지 순환 현상으로 설명하는 그 일목요연함에서 우리는 오히려 프로이트 자신의 이론을 향한 지나친 충동을 느끼지 않을 수 없다.

프로이트는 자신의 이론 전개와 세계 진단에 있어 한층 포괄적 접근을 보여준 저작 『문명 속의 불만』(*Das Unbehagen in der Kultur*, 1930)의 마지막을 다음과 같이 맺고 있다.

> 인류의 숙명적인 문제는, 문명 발달이 인간의 공격 본능과 자기파괴 본능에 의한 공동 생활의 방해를 억누르는 데 성공할 것이냐, 성공한다면 어느 정도나 성공할 것이냐 하는 문제인 듯싶다. 바로 이 점에서 현대라는 시대는 특별한 관심을 기울일 가치가 있다. 인류는 꾸준히 자연력을 지배해왔으며, 이제는 자연력의 도움을 받으면 별 어려움 없이 최후의 한 사람까지 서로를 죽일 수 있을 정도가 되었다. 현대인은 이것을 알고 있고, 그들이 지금 느끼고 있는 초조와 불행과 불안은 대부분 거기에서 유래한다. 이제 우리는 두 개의 〈천상의 권력〉 가운데 또 하나인 영원한 에로스가 그와 똑같이 불멸적 존재인 적수와의 투쟁에서 열심히 버티어 주기를 기대할 수밖에 없다. 하지만 어느 쪽이 성공하고 어떤 결과를 초래할 것인지를 누가 예측할 수 있겠는가?[77]

여기에서 프로이트는 죽음 충동으로 모든 것을 설명하고자 한 이 직전의 저작들에서 걸어 나와, 우리의 삶과 사회를 다시 사랑과 폭력 그리고 그 연장선에 있는 삶에의 의지와 죽음 충동 사이의 투쟁이라는 이원론적 관점으로 되돌아온다. 이러한 경과를 결론적으로 정리하자면, 그것은 완벽한 이론화에의 욕망과 현실적 관찰 사이의 괴리를 또다시 인정하는 과정이라고 요약할 수 있다.

실재라는 모비딕 — 인문학이라는 에이합

프로이트의 죽음 충동이 지향하는 종착점으로서의 죽음의 상황은 인간의 삶과 사회를 포괄적으로 이론화하는 데 있어 제시되는 가설의 지점이고, 그는 이 지점을 자신의 이론 체계의 최종 심급으로 삼고자 하였다. 하지만 이와 함께 프로이트 스스로도 죽음 충동은 확인되지 않는 가설, 더구나 과도한 가설일 수 있음을 고백하고 또 경고한다. 이론화에의 매력과 이에 대해 주저하는 솔직한 심정이 교차하고 병존하는 것이 바로 『쾌락 원칙을 넘어서』의 기승전결을 형성한다. 쾌락 원칙에 기반한 이론의 한계를 인지하고, 그 너머의 세계 즉 이론의 외부로서의 빈 공간과 무의 영역을 죽음의 세계로 설명하는 것은, 기존의 틀로는 의미 확정이 어려운 기의를 생명체의 죽음이라는 구체적인 기표로 확정하는 오류에 해당한다. 여기에서 우리는 하이데거의 철학이 히틀러 정권에 직접적 연관성을 갖게 된 결과에 대해, 이는 그의 형이상학적인 '정신'의 철학이 '독일 민족의 정신'이라는 현실의 구체적이고 한정적인 기의로 확정되는 오류의 산물이라는 데리다의 지적을 떠올리게 된다.[78] 이런 점에서도 프로이트의 '쾌락 원칙 너머'의 세계는 그야말로 원칙이 없는, 이론적 잉여 지대로 남아 있어야 할 필요가 있었다.[79] 그것은 죽음의 세계도 사물의 세계도 아닌, 애초의 이론적 의지대로 미지와 미완으로 남겨지는 겸손을 요구하는 공간일 것이며, 이를 기초로 하는 혹은 이를 향해 가는 이론은 부유기표일 수밖에 없다.

반복하자면, 라캉은 거울 단계론에서 인간의 자기인식으로부터의 소외와 그에 따른 인식의 한계를 설정하였고 이후 이는 실재계의 존재 양상에 대한 논의로 이어졌다. 그리고 그 실재계는—우리 스스로에 대한 착각과 오인의 결과물이든 삶과 쾌락 너머의 논리화할 수 없는 죽음의 세계이든—우리의 삶에 있어 제어 불능의 지점으로 상정된다. 하지만 이러한 인식 불능의 영역이 우리 삶에 미치는 영향의 정도는 측량하기 어렵다. 그것이 개인적 편차를 갖는지, 집단적 즉 사회문화적 조건에 따라 정도를 달리하는지는 또 다른 숙고를 요한다. 프로이트와 라캉 그리고 바디우에서 살펴볼 수 있었던 바와 같이, 실제 세계(reality) 너머의 실재계를 추론하면서 그 내용을 설명해내고자 하는 이론화 작업들은 그들 자체가 실재계에의 열정을 대표하는 사례이다. 이에 대해서는 모순 논리 속에서의 고투라는 긍정적 평가도 있을 수 있다. 더불어 이들의 포박이 전혀 부정적이지만은 않다. 하이데거의 철학이 너무나 세속적인 차원으로 귀속한 경우와 달리, 실재에 대한 이들의 열정은 오늘의 현실과 이론에 어떤 한계를 설정하는 것이었고, 이런 가운데 불가능한 영역을 상정하고 추론하려는 노력 자체가 현재와는 다른 가능성을 모색하려는 고심과 의지를 반영한다.

그럼에도 프로이트의 죽음 충동, 라캉의 실재계의 작은 대상, 바디우의 사건 등은 실재(계)라는 부유기표를 구체적 기의로 어떻든 포박하고자 하는 개념들이다. 이들은 멜빌의 하얀 고래에 대한 이야기(『모비딕』)에서 모비딕이라는 대상에 대해 에이합 선장이 갖는 집념이나 고래잡이 작살과도 같다. 구조적 외부에 대한 이론적 논의들의 종착점은 부유기표로 설정된 '실재'를 일정한 기의로 물화(物化)하려는 노력이라는 자기모순을 노정한다. 이들의 이론적 노력을 물화라고 한다면 역시 형식논리에 집착한 과도한 비판일 수 있다. 특히 프로이트 자신이 그리고 어느 정도 라캉이 보여주었던 일생에 걸친 자기 변모는 인정할 수밖에 없기 때문이다. 하지만 한층 정확히 말하자면, 이러한 비판적 평가는 두 이론가 본인보다는 오히려 후대 이론가들이 행하고 있는 난해한 원전에 대한 주석 차원의 공고화에 기인한다고 해야 한다. 이런 까닭에 이들 이론은 오늘날에도 관찰되는 자기 함몰로 인해 정작 자신의 외부에 실제하는 실재로부터 재점검의 기회를 갖지 못한 채 주된 전통이자 기준으로서의 지위를 지속하고 있다는 우려를 낳기에 충분하다. 더 나아가 프로이트와 라캉이 오늘날 인문학 이론에서 차지하는 상당한 대표성으로 인해, 오늘의 구도를 탈피하려는 인문학의 이론적 모색 자체가 외부 세계로부터의 점검이 없이 인문학이라는 구도 속에서 머무는 외침이 아닌가 하는 자괴감으로 이어질 수밖에 없다.

여기에서 우선 떠오르는 질문 가운데 하나로는 위에서 살피고 또 원용한 정신분석학적 구도가 과연 오늘날 훨씬 더 설득력을 얻고 있는 과학적 논증이라는 검열을 통과할 수 있는가이다. 프로이트의 이론은 그 초기 단계에서부터 많은 비판에 직면해온 역사를 갖고 있다. 유아의 성욕을 거론하는 등의 지나친 성적 편향, 부모와 자식 간의 관계 또한 과도하게 성적인 측면에서 접근하는 것 등은 프로이트 이론의 악명을 높이기에 충분하였다. 더 나아가 그의 이론은 스스로 자기 변모를 해나가면서도 이를 통해 자기 나름의 성(城)을 구축하고자 한 것으로 보이는 한편, 자신 이외의 다른 이론가 혹은 분야에 의한 지속적인 검증을 거부하는 것으로 보였다. 특히 프로이트 이론에 대한 당대 혹은 직후의 비판적 평가가 후대의 이론가들에 의해 적극적으로 검토되지 못한 면도 지적하지 않을 수 없다.

융(Carl Gustav Jung)과 클라인(Melanie Klein)이 정신분석학 내에서 프로이트에 대해 반론을 제기한 첫머리에 있다면, 포퍼(Karl Popper)는 과학적 이론의 준거인 반증가능성(反證可能性, falsifiability)의 측면에서 프로이트의 정신분석학이 과학의 장에서 논할 수 없다고 강조한다.[80] 프로이트의 경력은 이론적 작업에 앞서 동물 생리학과 임상 실험으로 시작하고 있지만, 이후 이론적 작업은 이러한 기반과 기조 위해서 진전되기보다는 협소한 관찰과 이에 대한 '과도한' 해석적 접근에 주력한 점 또한 자주 지적되는 사안이다. 이런 점에 있어서는 라캉의 이론 또한 동일한 범주에 속한다. 라캉이 실재계를 비록 이론적 상정과 이론화 불가의 경계 지점에 위치시키고 있지만, 어떻든 그것은 지나친 자기 완성적 이론 체계의 추구를 경계하기보다는 그에 대해 과도하게 추론을 지향한 결과물이다. 혹자는 프로이트와 라캉 모두가 정통 학계 특히 대학이라는 제도권에 속하지 못한 것에서 그 이론적 한계를 찾기도 하지만, 오히려 그것이 이들의 장점이 될 수 있었던 차원이 충분히 실현되지 못한 것으로 판단된다.

3. 거울 앞에 선 인문학

거울 단계론 vs 거울 신경체계론

오늘에도 문화와 영화 이론 등에서 라캉의 거울 단계론은 가장 자주 동원되고 활용되는 이론적 틀이다. 거울 단계론은 시각적 경험의 원초적 중요성과 함께 이의 한계 등에 대한 단초를 제공하는 가운데, 이러한 활용과 원용의 장에서 거울 단계론 자체에 대한 유보적 자세는 취해지지 않고 있다. 더욱이 문화이론의 틀을 벗어나 라캉의 거울 단계론이 어떠한 지위와 적절성을 갖는 것인지는 거의 논의되지 않고 있다. 이에 따른 의구심에 대해 소수의 예외를 제외하고 라캉 이론 혹은 정신분석학은 적절히 응답하거나 자신 이외의 분야와 부단히 대화하고 교류하기보다는 전적인 무관심과 무시로 일관하고 있다는 지적이 가능하다. 정신분석학에 대한 과학주의적 심리학의 태도와 라캉 이론에 대한 회의적인 태도 가운데 에반스(Dylan Evans)의 소회는 자못 치명적으로 다가온다. 『라캉 정신석분학 사전』[81]의 저자이기도 한 그는 20여 년에 걸친 라캉에 대한 자신의 연구를 술회하면서 라캉이 실제 현실보다는 자신의 이론의 구축 즉 정형화

(formalization)에 더 관심을 두고 있었고, 이 과정에서 그가 동원한 수많은 수학적 공식은 현실이 반영된 공식이기보다는 실제와는 거리를 갖는 시적 기교에 가깝다고까지 비판한다.[82)]

오늘날 학계 전반에 걸친 논쟁 속에 그 신뢰성을 쌓아가고 있는 이론은 거울 이론이 아니라 거울 신경체계(mirror neuron system)에 관한 이론인 것으로 보인다. 1996년부터 본격적으로 제기되어온 거울 신경체계론은 이탈리아 파르마 대학의 신경생리학자인 리졸라티(Giacomo Rizzolatti) 등이 원숭이의 뇌를 관찰한 결과, 원숭이가 자신이 직접적으로 행동하는 경우는 물론 단지 다른 원숭이와 연구원의 행동을 지켜보는 경우 모두에 있어 원숭이의 뇌는 동일한 영역에서 동일한 반응을 한다는 연구에서 출발하였다. 원숭이 자신이 아이스크림이나 땅콩을 잡는 경우에서처럼, 가령 연구원이 먹을 것을 잡는 것을 보는 경우에도 원숭이의 뇌가 동일한 반응을 한다는 것이다.

거울 신경체계에 대한 논의는 현재에 있어서도 거의 확정된 것이 없다고 할 만큼 진행형이다. 그 주요 논제 가운데 하나는 개체가 타자의 행동이 갖는 함의의 추정과 추출 과정이다. 거울 신경세포가 원숭이와 같은 영장류에서 발달하기 시작하였다면, 인간에게서 그것은 훨씬 복합적이고 높은 수준에 있다. 더 나아가 이는 단지 정지된 하나의 이미지보다는 훨씬 동적인 움직임을 포착하고, 이러한 움직임에 내재한 의미를 추출하는데 있어 매우 섬세하게 기능한다. 예를 들면, 아이스크림이나 땅콩을 쥐는 동작의 의미 해석 즉 이러한 행동이 자신이 먹기 위한 것인지 아니면 누군가에게 주기 위한 것인지 등 행동 주체의 의도를 매우 섬세하게 추출해낸다.

이후 연구들에서 인간의 경우 역시 전운동피질(premotor cortex) 등의 부위에서 거울현상이 활성화하는 것으로 확인되었지만, 그것은 특정한 거울 신경세포보다는 '거울 신경체계'라는 네트워크에 의한 창출이라 것에 많은 의견이 모아지고 있다. 현재 이러한 거울신경 체계는 소위 '공감뉴런'으로 불리면서 인간의 가장 근본적인 문화적 활동들의 기저가 되는 필수 장치로 주목되어, 다양한 분야와 연계된 연구 주제로 확고한 위치를 점하고 있다. 인간의 상호 공감과 언어 현상 등이 그 대표적 예로, 인간이 여타 유인원보다 훨씬 더 문화적 동물이라고 할 수 있는 것은 자신이 속한 집단 내의 여타 구성원에 대한 단순한 인지를 넘어 그들의 행동과 생각 모두의 내면적 의도 또한 정확히 파악하는 '고도의' 능력을 갖추어야 하기 때문이다. 이것은 헤겔 철학에서와 같이 인간의 정신은 단지 자연 세계와 외부 세계에 대한 인간정신의 실현만이 아니라 다른 인간 혹은 그들의 정신마저도 타자로 여겨야 하는 작업 즉 인정 투쟁을 해야 하는 존재라는 점을 다시금 생각하게 한다.

거울 신경체계에 대한 현재 진행형의 논의가 라캉의 거울 단계론에 대해 갖는 의미는 무엇인가? 우선은 양자의 공통점과 차이점을 살펴볼 필요가 있을 것이다. 거울 단계론에 있어 주체는 자신이 관찰한 시각적 대상을 (게슈탈트적) 형태부여의 의지 속에서 접하고, 이를 자신의 신체에 대한 시각적 이해에도 부여하며, 이러한 과정은 인간에게 필연적이고도 지속적인 틀로 남는다. 거울 신경체계론은 개체의 인지체계가 다른 개체의 움직임과 함께 그것이 의도하는 (즉, 의미하는) 바를 거의 자동적으로 (즉, 3인칭적 간접 경험이 아닌 1인칭적 직접 경험의 형식으로) 인지해나가는 장치를 갖고 있다는 것을 설명한다. 이런 점에서 양자는 인간의 내면적 기재를 설명하고자 한다는 점에서 동일 선상에 있지만, 거울 단계론은 이를 궁극적으로 오인의 지점으로 보면서 이후 실재계라는 인지 불능의 잉여 지점을 이론화하는 방향으로 나아가고 있다면, 거울 신경체계론은 이를 오인의 차원보다는 공감의 차원에서 파악하고 있다. 하지만 양자의 논지인 오인과 공감은 일정한 논점에 대해 상호 대척점에 있기보다는 전혀 다른 차원의 평면에서 펼쳐지고 있어 아직은 정반합적 총합을 기대할 수 없는 것이 오늘의 상황이다.

거울 신경체계론의 내용보다는 그것이 제기되어온 과정을 참조하여 거울 단계론을 재검할 경우 우리가 얻을 수 있는 반성적 교훈은 다양하다. 무엇보다도 그것은 오늘날 거울 단계론을 문화이론에 동원하는 많은 경우 라캉이 이를 구성한 당대의 수준을, 혹은 라캉 자신이 재조정하거나 심화해나간 수준을 벗어나지 못하고 있다는 치명적 약점을 안고 있다는 것이다. 이것은 정신분석학의 역사가 프로이트 이론에 대한 주석으로서의 위치에 머물고 있다는 비판, 부정적 의미에서 서양철학이 플라톤에 대한 주석에 지나지 않는다는 평가, 동양철학이 불교와 유교 정전에 대한 해석적 범주에 머물고 있다는 주장의 경우에서와 같이, 라캉의 이론 또한 외부의 개방적 시각 속에 지속적으로 검증되고 재고되는 역사를 갖지 못했다는 반성의 여지를 낳는다. 극단적으로 말하자면, 거울 단계론이 인간의 스스로에 대한 오인의 가능성을 항상 염두에 두는 이론이라면, 이와 달리 그 이론 스스로는 이러한 교훈을 되새기지 않았다는 지적도 인정해야 한다는 것이다. 물론, 앞서 살핀 바와 같이 라캉의 이론에 내적 발전이 전혀 없는 것은 아니며, 상상계-상징계-실재계의 구도는 시간적으로 그의 일생의 궤적이기도 하다. 하지만 이러한 시간적 전개가 한편으로 거울 단계론의 틀에서 얼마나 진전된 것인지, 다른 한편으로 라캉 이후 그의 이론에 대한 다른 연구자들의 제반 논의 또한 라캉에서 혹은 거울 단계론의 틀로부터 얼마나 비판적 계승과 발전을 이루고 있는지는 의문이다.

사실, 라캉의 이론은 정신분석학을 벗어나서는 그 영향력과 설득력에 있어 심리학과 신경과학에 비해 너무나 다른 위상에 머물고 있다. 양자의 대화는 이미 단절되었고, 서로는 무시를 넘어 전혀 다른 세계 속에서 상대의 존재 자체를 인지하지 못하고 있다. 물론 라캉의 이론체계는 오히려 이러한 진행을 추구해온 것이기도 하다. 주로 자아의 정체성에 대한 확신 위에 자아 확대를 추구하는 소위 '실용적' 노선으로 나아간 미국적 정신분석학과 심리학에 대한 거부감과 저항은 프로이트와 라캉 이론의 주조를 이루고 있다고 해도 과언이 아니다. 바로 이런 점으로 인해 과학주의의 이성 중심과 자아의 지나친 단순화 등에 대한 반성적 주문이 이 두 이론가의 본령이기도 하다.

라캉의 거울 단계론은 인간의 내적 인지능력과 외적 대상 사이의 역학 관계를 설명하면서 둘의 상호 관계에 주목하고 있지만, 그것이 이 둘 사이에 어떤 하나를 주된 차원으로 택해야 한다면 이는 내적 능력이라 답할 수밖에 없다. 이러한 내적 능력은 스스로의 인지가 오인의 차원에 있다는 긴장감 속에 있기를 주문하면서, 그것이 인간의 인지 구도와 인간 조건 그 자체에 기인한다는 것을 강조한다. 이는 실존주의에 대한 라캉의 불만이 분명해지는 지점이다.

실존주의의 개인에 대한 강조는 세계와 타인이라는 존재가 개인과 대척점을 형성하도록 한다. 인간을 '즉자적(卽自的) 존재'에 대비되는 '대자적(對自的) 존재'로 파악하는 구도는 "타자는 나의 지옥([L]'enfer, c'est les Autres)"[83]이라는 극단적 절규로 나아간다. 지옥의 형벌로 성격이 다른 세 사람이 출구 없는 한 방에 갇히게 되는 상황에서의 이 언명은 절대적 자유 속에서 무한대의 자기 변형을 추구하는 자아가 자신을 단지 대상으로 고착시키려는 타인과 그들의 시선에 당면하여 발하는 외침이다.

라캉은 시각 이미지와 이를 기반으로 하는 인식 과정을 설명하는 거울 단계론이 사르트르식의 실존주의 혹은 실존주의적 정신분석과 근본적 변별성을 갖고 있음을 강조한다. 단순화해서 정리하자면, 실존주의가 타자와 자아의 시선 상호 간의 인지 차원의 강제와 그에 따른 오인을 지적한다면, 라캉의 거울 단계론은 이를 인간 인지 구조의 내적 논리로 파악한다. 논지의 방점과 결론에 있어 사르트르가 개인의 온전한 의식과 존재를 전제로 하고 이러한 틀이 외적 존재들에 의해 침식당하는 양상에 대해 고민한다면, 라캉은 인간 인식의 한계에서 출발하여 존재 자체의 불완전성이나 결여를 강조하고자 한다. 라캉의 거울 단계론의 관점에서는 실존주의적 개인주의 혹은 완전한 자아에의 염원은 재고되어야 하며, 인간 인지의 불완전성을 인간의 구조적, 선험적 조건으로 받아들여야 하는 운명으로 설명한다. 라캉은 이러한 과정에서, 즉 강제적 조건으로서의 외부 세계와 내적 기재 사이에서, 유발되는 잉여 부분을 실재계로 지명하면서 점차 이에 대한 이론화로 나아간다. 거울 단계론은 라캉의 이론적 전개 속에서 수정되기보다는 이후의 이론을 위한 기초가 되었고 오히려 강화된 측면을 갖는다. 하지만 바로 이런 점에서 라캉의 이론은 그 진전과 변모에 있어 프로이트의 이론에 못 미치는 면모를 띤다는 문제 제기의 여지를 남긴다.

프로이트의 정신분석학은 과학주의적 관찰에서 출발하여 이를 기초로 한 논리의 한계를 인지하면서, 당면한 문제에 대응하기 위해 무의식의 영역을 상정하고 또 이를 중심으로 훨씬 다양한 사태를 해석하고 해결해나가고자 하였다. 이미 살핀 바와 같이 프로이트의 일생 동안 이러한 구도가 전혀 흔들리지 않은 것은 아니다. 초기의 의식-무의식(더 정확히는 의식-전의식-무의식)의 틀은 이어서 이드-자아-초자아로 발전하였고, 이후 다시 쾌락 원칙과 현실 원칙, 그리고 죽음 충동 등 또 다른 설명 지평으로 옮아와 이전의 이론들을 수정해나가는 작업은 지속되었다. 물론 이 후기 모델들이 의식과 무의식이라는 프로이트의 초기 틀을 완전히 벗어난 것이라고는 할 수 없을 것이며, 그는 이러한 구도들을 통해 자신의 이론에 대한 다양한 반론에 대응하는 면모 또한 보여주었다. 하지만 이를 감안한다고 하더라도, 그 견고성에 있어서 라캉의 이론이 프로이트의 이론을 훨씬 능가하고 있다는 것은 특히 지적되어야 한다.

자기 완결성에서 상호 가소성으로

라캉의 이론은 분명 구조적이기보다는 탈구조적이다. 하지만 그 탈구조론 자체가 역설적으로 매우 자기 완결적 측면을 갖는다는 것 또한 부정할 수 없다. 그의 이론은 거울 단계론을 시작으로 일직선적으로 전개되는 궤적을 보이면서, 시간의 흐름 속에 유연한 진화를 하지 못한 고립된 섬과 같은 이론이라는 강한 반론에 당면하지 않을 수 없다. 물론 그의 이론적 내용과 스타일이 보이는 난해성과 다양한 해석적 여지는 라캉이 자기 충족적 확신에 대한 경고를 장착한 것이라는 해석이 있는 것도 사실이다. 그럼에도 불구하고 라캉 이론의 자기 완전성은 개인의 내적 인식이 필연적으로 오인을 동반할 수밖에 없고 실재는 항상 정확한 포착 지점 너머에 있다는 명제가 스스로의 이론 체계에 대해서는 비판적 경고로 작용하지 못한 경우라고 해야 할 것이다.

거울 단계론이 담고 있는 인간 인식의 불완전성 즉 자기 완전성에 대한 경고는 결국 이론 자체의 불완전성에 대한 경고를 포함한다. 이는 이론 체계의 가소성(可塑性)에 대한 요구로 요약할 수 있을 것이다. 철학적 차원에서 뇌의 가소성이 갖는 의의를 검토하고자 하는 말라부(Catherine Malabou)의 작업이 갖는 중요성이 여기에 있다.[84] 개체의 가소성(plasticity)은 유연성/탄력성(flexibility)과 달리 외부의 영향력에 대해 일방적인 반발력 즉 원형 보존력을 지칭하는 것은 아니다. 그것은 어느 정도 외적 영향력에 저항하면서 또 어느 정도 이를 수용하는 상태를 지칭한다. 뇌의 가소성이란 우리의 뇌가 외부 영향력에 대한 전적인 반발이나 전적인 수용을 말하기보다는, 이 두 힘 사이의 어느 지점에 위치해 있다는 것을 강조한다. 범박하게 말하자면 뇌가 있어 신체의 움직임이 가능하지만 다른 한편으로 신체의 움직임이 뇌의 능력에 일정한 변화를 가져올 수 있다는 것이다. 이는 경험 세계 속에서 뇌가 부단히 변화하는 과정 중에 있다는 것을 강조한다.

이러한 가소성의 구조 속에서는 개체의 자기 조직화(self-organization) 자체가 강조되기보다는, 이것이 오직 '일정한 정도'로만 가능하다는 것이 강조된다. 가소성은 단위 개체의 일방적 자기 결정력을 말하지 않는다. 가령 뇌의 어떤 영역의 손상에 의해 일정한 운동 능력의 장애가 발생한 경우, 지속적인 운동 훈련을 통해 그 능력을 '어느 정도' 회복할 수 있지만, 이는 완벽한 애초 상태로의 복귀이기보다는 다른 보완적 조건을 조합함으로써 운동 능력을 '어느 정도' 회복하는 것이다. 언어 능력을 담당하는 영역의 손상은 다른 영역의 대체 활성화에 의해 어느 정도 회복될 수는 있지만 그 정도는 완벽할 수 없다는 것으로, 뇌의 일정 영역은 어느 정도 자기 변화 과정을 받아들이는 가소성을 갖지만, 그것이 완벽한 탄력성이나 자기 전복에는 이르지 못한다는 것이다. 이러한 내용의 가소성은 뇌의 자기 정체성과 그 움직임을 표현하면서 다른 개체 단위의 논리에 대한 유용한 은유이기에 충분하다.

가소성 개념은 개체와 타자가 부단한 교호 관계에 있다는 사실을 우리에게 또다시 주지시킨다. 물론 이러한 가소성은 인간의 두뇌에 한정된 논리일 수 있지만, 말라

부가 논의하고 있듯이 우리는 두뇌 체계를 우리와 주변 세계에 대한 가장 바람직한 기준점으로 설정할 수 있을 것이다. 가령 개체의 단위를 개인과 집단, 학문 분야의 차원으로 옮겨올 경우 가소성은 이들에 있어 개체와 주변 세계 사이의 균형과 경계의 부단한 재설정에 준용할 수 있는 적절한 모듈이 될 수 있을 것이다. 프로이트와 라캉 이후의 정신분석학 일반이 스스로의 정체성을 조정해나가는 과정에서 이러한 뇌의 가소성 개념과 그 함의를 어느 정도 참고하고 있는가에 대해서는 의문으로 남는다.

4. 인문학의 욕망

자기계발 독재 사회의 자아 — 보편이라는 거울 앞의 나

위에 살핀 한계 속에서 우리는 거울 단계론의 결론적 교훈을 최종적으로 살필 필요가 있다. 거울 단계론은 개체의 자기 파악 능력에 있어서 오인의 가능성을 강조하면서 우리에게 자신에 대한 지나친 자만심을 경계하도록 한다. 우리의 자아는 외부 대상을 참조하면서 내적 의지에 의해 스스로를 파악한 바에 지나지 않는다. 이는 우리의 자신에 대한 인지적 한계를 설득하고자 하는 이론이기도 하다. 프로이트와 라캉이 지속적으로 미국적인 심리학에 의구심을 품었던 이유가 여기에서 더욱 분명해진다. 이 두 정신분석학자에게 미국의 심리학은 인간의 자아를 분명히 파악하고 장악할 수 있으며, 또 변화시킬 수 있다는 믿음을 갖고 있고, 더 나아가 이러한 자아를 특히 사회적 요구에 적합하도록 변모시킬 수 있다는 믿음 아래 이를 실현하고자 하는 이론이다. 이것은 소위 미국식 자기계발(서)의 논리였고, 정신분석학자로서는, 즉 사회를 포함한 어떤 외부보다도 인간의 내면을 탐색하고 그 힘을 강조하면서 개인의 삶을 변호하고자 하는 학자로서는 거부해야 할 이론이었음에 분명하다.

정신분석학은 자기계발론과 대척점에 있다. 거울 단계론은 인간의 스스로에 대한 인식, 더구나 그러한 자아의 개조 내지 계발과는 거리를 두고 있다. "무의식이 있는 곳에 의식이 와야 한다(Wo Es war, soll Ich werden)"[85]는 프로이트의 언명은 의식에 의한 무의식의 이해 측면에서 이해되어왔다. 하지만 라캉은 프로이트로부터 더 나아가 무의식의 자리에서 의식이 형성되는 구도에,

즉 의식이 무의식을 들여다보고 이를 대체하는 것이 아니라 의식이 무의식의 존재 논리를 있는 그대로 인정하며 전개되어야 한다는 것에, 더 방점을 둔다.[86)] 거울 단계론의 말미에서 라캉은 프로이트의 자기애(自己愛, narcissism)와 관련하여 자신의 논지를 정리하고 있다.

프로이트의 자기애론은 자아의 성장에 관한 논의 측면에서 단연 주목해야 하지만, 이에 관한 의문점의 해결 못지않게 더 많은 의문을 낳게 하는 측면 또한 무시할 수 없다. 어떻든 이를 도식화하여 이해하자면, 어린아이는 1)자아와 외부 세계의 미분화 단계, 2)자아의 생성과 완성 단계, 3)자아가 타자를 인정하는 단계로 나아간다. 첫 번째 단계는 두 번째 단계에 의해 후발적으로 즉 이론적으로 상정되는 단계라고 할 수 있는데, 이 두 번째 단계에서 자아는 자기 스스로에 대한 에너지를 즉 인정과 배려를 주장하는 성향을 보이는바, 이는 일차적/근원적 자기애(primary and normal narcissism)로 명명되고 성장과정에 있어 자연스런 단계이기도 하다. 자아가 이러한 과정을 거쳐 당도하는 타자에 대한 인정과 관심의 단계에서 일반적 상황은 배려의 에너지를 상호 교환하는 것이다. 하지만 타자와 적절한 관계 설정에 이르지 못하는 자아는 그 에너지가 바로 자신에게 향하게 되는 과정 즉 프로이트가 이차적/부차적 자기애(secondary narcissism)라 명명한 상태에 귀착하게 된다.[87)]

라캉은 거울 단계의 종료가 프로이트의 일차적 자기애의 시작점과 맞물려 있다고 설명한다. 이후 그는 곧바로 실존주의에 대해 매우 비판적인 논지를 이어간다. 이 지점이 바로 프로이트의 자기애와 라캉의 거울 단계 그리고 철학 특히 실존주의가 맞닿아 있는 곳이다. 라캉이 여기에서 실존주의에 대해 회의적 시각을 갖는 것은 그것이 인간의 자유의지를 과도하게 강조하고 있기 때문이다. 이러한 실존주의에 대한 비판은 데카르트의 합리론 더 나아가 철학 일반에 대한 회의이기도 하며, 특히 실존주의의 자아에 대한 신뢰가 인간의 의식에 대한 지나친 신뢰에 기반하고 있기 때문이다.

라캉의 거울 단계는 인간의 자아가 스스로의 의지에 의해 완전한 자유를 행사할 수 있는 온전한 통일성에 미치지 못한다고 경고한다. 이런 까닭에 그는 실존주의의 "존재와 무(Being and Nothingness)"에 대해서도 유보적인 태도를 보인다. 그것은 의식이 스스로의 존재성에 대해 부정적 차원을 갖는다고 해도 완전한 부정이 될 수 없다는 경고이다. 이에 따르면, 의식에 대한 억압 혹은 부정을 무의식이라 할 때, 이러한 부정을 거둬들이는 작업 즉 부정에 대한 부정은 이전 상태의 의식의 회복을 의미하지 않는다. 이러한 과정은 인간의 의식이 존재와 무라는 일방적 구도만으로는 설명할 없는, 이러한 양 극단의 한 지점에서 판단의 오류 혹은 인식상의 오인이 개입하고 이에 따라 의식과 무의식의 운동 사이에 어떤 잔여물이 존재한다는 것이다. 여기에는 인간의 의식 일반은 논리적 통일성보다는 신경증적 분열에 더 가깝다는 진단이 존재한다.

이러한 과정을 통해 라캉의 거울 단계론은 최종 지점에 접근한다. 앞서 살핀 자기애는 상대적으로 타자에 대한 무관심과 공격성을 동반하며, 오히려 이러한 구도가 더 '자연스러운' 것으로 여길 수밖에 없다. 이렇게 냉혹한 세계 속에서 타자에 대한 배려는 단지 상상적 허위를 벗어나지 못하며, 정신분석학의 목표는 이렇게 당면한 삭막한 조건을 개인이 자각하도록 하는 데 있고, 바로 이것이 환자에게 수행해야 할 정신분석학의 윤리적 명분이자 명제이다. 이 삭막한 조건의 내용은 개인 의식의 내적 통일성과 능력에 대한 확신이 단지 상상적인 것에 지나지 않고, 인간과 인간 사이의 관계 또한 완벽한 이해와 제어 너머에 있다는 것이다. 우리의 삶에 내재하는 오인과 환상에 대한 조심스런 접근은 실재에의 윤리로 요약되면서, 우리에게 자신과 주어진 현실에 대한 자만보다는 스스로의 경계를 넘는 훨씬 넓은 보편적 원리에 대해 부단히 열린 자세를 주문한다. 이것은 수신제가치국평천하(修身齊家 治國平天下)라는 군자의 윤리, 혹은 정언명령(定言命令)으로 불리는 "네 의지의 준칙이 항상 동시에 보편적 입법의 원리로 타당할 수 있도록 행동하라"는 칸트의 합리적 윤리가 지향하는 폭을 넘어서고자 한다. 그것은 한편으로 개인 내면에서 발견되는 욕망의 타자적 차원에 대한, 다른 한편으로 현실적 보편성 너머에 존재하는 즉 부재하고 불가능한 것들이 갖는 역설적인 힘에 대한 여지를 남겨두려는 의지와 책임감에 기인한다.

오인 혹은 타자와의 공감 — 사랑

인간의 이러한 불완전성이 바로 사랑의 조건이기도 하다. 특히 정신분석이라는 내밀한 시선은 바로 이 조건 즉 한계 내의 인간에 대한 배려이다. 물론 그것은 우리로 하여금 이러한 조건을 직시할 수 있는 지점으로 인도하는 것으로 그 자신의 권한과 책임을 한정하면서, 결국엔 우리 스스로 인간과 자신의 조건을 들여다보면서 이를 가로지르도록 인도한다. 이것이 인간에 대한 정신분석학적 진단의 처방전이자, 우리 모두에게 묵시적으로 제시하는 대안이다. 이는 프로이트가 『문명 속의 불만』에서 우리 모두는 비록 문명이라는 객관적 조건 속에 있지만 인간의 행복(감)은 개인에 따라 매우 주관적임을 반복해서 강조하는 것과 궤를 같이한다.[88)]

이러한 객관적 조건 속에서 개인의 주관적 처방의 만남과 교차가 사랑이며, 사랑은 완벽한 개체가 행하기보다는 오히려 자기 충족적이지 못한 불완전과 미완 그리고 결여의 소산이다. 사랑은 일방이 상대방을 온전히 알고 있기 때문만은 아니라는 것, 달리 말해 사랑은 많은 오인과 불완전한 이해 속에서 이루어지는 관계라는 것, 더 나아가 사랑은 이러한 상황에 대한 보완이지만 그 결과 역시 조화와 항상성이 겸비된 완벽한 구도를 이루지는 못한다는 것이다. 여기에서의 사랑은 일반적 의미의 사랑이자 정신분석학적 조언이라는 사랑이다. 라캉의 거울 단계론의 결론은 인간 개체는 통일성이나 완전성에 이르지 못한 존재로 남아 있다는 것이고, 이러한 조건의 직시와 함께 이에 대한 유일한 보완책으로 인간 사이의 서로에 대한 사랑을 조언한다.

이제까지의 논의를 최종적으로 종합하자면, 라캉의 거울 단계론이 자아와 타자 모두에 대해 제공하는 진단과 처방은 상호 간의 오인과 그에 따른 열린 태도로 요약된다. 이러한 오인은 인간의 스스로에 대한 이해에 있어서의 한계를 지적하며, 이로부터 출발하여 은유적이자 실질적으로 사물과 사태에 대한 이론화 자체의 한계를 말하고 있다면, 이는 곧바로 거울 단계 이론 그 자체에도 적용되어야 한다. 이것은 이제까지의 논의에 대한 오해의 소지가 없게끔 거듭 강조해야 할 사안이다.

라캉과 그의 거울 단계론 자체는 바로 그러한 이론 자체에 내장된 오인의 차원과 그에 따른 열린 태도의 요구에 대해서는 정작 그 스스로 외면해온 역사를 갖고 있다. 거울 단계론에 대한 반성은 거울 체계이론에 견주어 행해질 수 있고, 이 두 시각을 매우 잠정적인 방식으로 종합하자면 인간의 오인과 오해를 보완하는, 더 정확히 말하자면 그러한 불완전한 인지 위에서 성립하는, 공감과 사랑이라는 윤리의 필요성이다. 거울 단계론의 논리 내에서 그 자체에 대해 판단하는 것은 순환론적 모순에 직면할 수밖에 없는 가운데, 그 결론적 언명이 '사랑'으로 귀결하는 것은 비록 잠정적 타당성 수준에 머물지만 인간 조건에 대한 고심에 찬 진단과 처방의 한 예이기에 충분하다. 바로 이 사랑과 상호간 인지 공유의 지점이 거울 단계론과 거울 체계이론이 만나는 지점이다. 여기에서 유의할 점은 이러한 접점이 라캉의 거울 단계론의 논리적 정당성을 전적으로 재확인하는 것은 아니라는 것이다. 이는 인식체계의 불완전성을 논하는 거울 단계론 역시 자신의 논리 자체에 대해서도 동일한 긴장감을 잃지 않아야 하며, 여타 다른 이론들에 지속적으로 노출되면서 스스로에 의한 재점검과 재설정 과정 속에서만 그 시대적 유효성이 확보될 수 있음을 말해준다.

오인과 오해 그리고 사랑의 문제는 개인, 혹은 인간이 스스로의 인식과 욕망의 통로를 통해 받아들이는 것들의 실체와 그 수용과정에 대해 항상 의심의 자세를 갖도록 한다. 그것은 우리에게 자기 완성적 인지보다는 항상 열린 자세와 미완의 논리 구조 속에서의 오류 가능성, 관용, 사랑을 제안하고, 더 나아가 이론 그리고 인문학에게 자신의 논리와 욕망 자체에 대한 재점검 또한 요구한다. 라캉의 거울 단계론, 그리고 정신분석학은 자신의 논리 자체가 부유기표이자 자가면역적 조건을 내장한 이론으로서, 이러한 차원에서 인간 그리고 인문학이 스스로의 거울과 정신에 비친 자신에 대한 부단한 의심과 재점검 과정 속에 있어야 한다는 교훈을 남긴다.

V

인문학-인간 개념 사용설명서

1. 세계, 인간, 인문학 — 비극적 동역학

고슴도치의 시대에 여우는 어떻게 가능하고 또 생존해나갈 수 있는가. 오늘의 시대적 조건과 그에 대한 학문 일반은 고슴도치적 시대를 강화하거나 이를 반영하는 작업을 통해 지속적으로 구조화되어가고 있다. 부유기표와 자가면역 그리고 거울 단계 개념에 의한 인간과 세계에 대한 진단은 고슴도치적 구조 내에서 여우적 일탈의 잠재성이 모색될 수 있는 논리의 창출을 위해서이다. 이들 개념에 대한 궁구는 견고한 구조적 공간 속에서 그 내적 에너지의 운동에 의해 개체적 변용이 시작하는 지점을 설정할 수 있도록 해준다.

이런 점에서 이들 개념은 포괄적 구조와 개별적 단독성 사이에 존재하면서, 견고한 정의(定義)를 확보한 개념이기보다는 끊임없이 재정의해야 할 개념으로 남는다. 그것은 어떤 지점의 내용을 서술하는 개념이기보다는 그 문제적 지점을 지칭하는 운동성을 갖는 개념이며, 이로써 진정한 의미의 인문학적 사유를 작동시키는 모습을 담은 개념이다.

물론 여기에서 사물과 사태에 대한 정확한 진술의 중요성이 간과되는 것은 아니다. 푸코의 지난한 작업에서와 같이 사태에 대한 치밀한 서술과 심려만이 그에 대한 대안과 변화의 지점을 드러낼 수 있기 때문이다. 푸코가 생의 말미에 개인들의 자아에 대한 배려를 논하고 바로 그것이 윤리의 시작점이라고 강조한 것은 그의 이전 작업들이 개인과 인간을 둘러싼 조건들의 무게를 지속적으로 제시해왔기 때문에 설득력을 배가할 수 있었다. 말기의 푸코는 자신이 파악한 견고한 구조 내에서 변화의 시발점을 결국 인간 특히 개인의 내면적 시각의 변화로부터 구한 것으로 보인다. 여기에서 푸코는 우리에게 인간에 대한 견고하고 냉혹한 구조적 이해 위에서 개인의 스스로에 대한 윤리적 책임과 실천을 제안하고 있다.

구조의 견고성은 개념의 공고성에 기인한다. 개념으

로서의 기표와 면역 그리고 거울은 그 내면에 부유기표와 자가면역 그리고 오인이라는 차원을 내재하고 있다. 그것은 이들 개념이 논리적 오염과 모순 속에 있다는 것 못지않게, 오히려 개념의 내적 운동과 역량을 보여준다. 기표는 부단한 부유운동 에너지와 생명력 속에 자신의 바깥을 지향하는 몸짓을 멈추지 않는 한에 있어서 진정한 기표로 작동한다. 면역은 타자에 대해 적대를 넘어 친밀과 포용의 차원 또한 갖는다. 자가면역은 이러한 논리의 극단적 형식이지만, 이는 면역체계의 이면이기보다는 진면목의 차원에서 단위 개체와 개념 모두에게 면역학적 관용을 제안한다. 거울 단계론은 개체의 자기 이해에 내재한 한계를 지적하면서, 거울의 반영성이 갖는 왜상(歪像)과 오류 가능성과 함께 이러한 오인과 오해에 대해 데카르트적 순수 기준에 의한 판결보다는 개체와 개체 사이, 그리고 개체와 사물 사이의 관용과 사랑을 주문하면서 이성과 인식 너머의 삶 또한 반영하는 거울을 주문한다.

기표와 면역 그리고 거울을 동원하여 그려낸 틀은 스스로의 구조적 임계점과 전복의 차원을 포함한다. 하지만 그것이 이미 구축된 현실적 구조의 무기력한 모순을 말하고 있지는 않다. 기표와 면역 그리고 거울은 외부적 타자의 엄존함과 그 견고성에 대해 긴장을 늦추지 않는 대표적 개념들로서, 이들은 그 정체성이 모호하고 모순적이거나 난해하기보다는 부단히 열린 재정의를 감내하는 운동성을 갖는다. 이러한 운동성은 역으로 그것이 향하는 외적 대상이 견지하는 공고함을 웅변한다. 이는 한 개체의 운동성 못지않게 외적 대상이 구성하는 냉혹한 구조적 지평을 되새기게 하면서, 개체의 수준에서 이들 개념은 개체가 순전한 자기 결정력을 갖지 않는다는 것을 환기시킨다.

현실적 예를 들어 이는 처세술과 자기계발의 관계에서 설명할 수 있을 것이다. 언제부터인가 한동안 '처세술'로 불리던 교훈들이 이제는 '자기계발'이라는 명칭을 얻었다. 물론 문자 그대로 처세술은 개인이 세상의 이치를 깨닫고 여기에 자신을 한층 더 일치시키는 방식을 강조한다면, 자기계발은 자신을 변모시켜 세상에 순응하는 방식을 강조한다. 이렇듯 자기계발은 처세술에 비해 자아와 세계의 관계에 있어 객관 세계와 사회의 무게와 힘을 더욱 강조하고 있다. 세계 구조에 대해 개인은 어떻게 대처할 것인가라는 의제는 우리로 하여금 그 내면 논리에 있어 개인의 삶이 개인적 변화보다는 오히려 사회 구조에 의해 더욱 엄중히, 일방적으로 결정된다는 것을 재확인하도록 한다는 점이 오히려 더 큰 의미를 갖는다.

더불어 인간 내면에 대한 논리의 틀은 문화적 이데올로기 차원이 현실을 지속시키는 일정한 자발적 환상의 차원 또한 제기한다. 이러한 구도는 우리를 환상과 현실의 접경으로 이끌어갈 뿐, 이후의 판단과 결정은 개개인의 삶의 영역으로 남긴다. 이런 까닭에 이는 사회 정치적이기보다는 개인 윤리적인 것으로 파악될 수도 있다. 하지만 아리스토텔레스의 윤리학이 그의 정치학으로 연장되듯이, 이 논의 역시 인문학의 탈구조적 자기 점검과 회의가 견고하고도 냉혹한 현실 구도의 내적 틈과 그 바깥을 상상하게 하는 은유로 작동할 수 있다는 기대 위에 있다.

2. 모비딕과 에이합, 그리고 이슈마엘

냉혹한 현실 구도 속에서 자신과 사물에 대한 회의는 우리의 유일한 힘으로 남는다. 장자(莊子)의 호접지몽(胡蝶之夢)은 인간의 사유가 갖는 힘을 말하는 일화일 수 있다. 이 일화는 항용 인간 인식의 상대성, 불완전성을 예시하는 것으로 회자된다. 하지만 라캉에 따르면, 이 일화에서 인간은 자신이 나비가 아닐까 의심하지만, 나비는 자신이 인간이 아닌가 하는 의심을 하지는 않는다. 인간만이 오직 자신의 사유와 존재를 상대화하고 의심할 수 있는 계기와 능력을 갖는다는 것이다.[89] 물론 우리는 나비 역시 유사한 의심을 하고 있는지 알 수 없지만, 어떻든 여기에서 인간은 자신을 상대화하고 의심하고 있다.

이의 연장선에서 본론에서의 논의를 달리 표현하자면 그것은—개체와 구조 모두를 포괄하는 구도로서의—넓은 의미에서 구조가 상정할 수 있는 자기 완전성에 대한 경고이다. 인간학, 더불어 개인의 자신에 대한 이해는 살아 있는 '생명'이라 불리는 임계점에 항상 접해 있어야 한다. 한계이자 능력이라고 할 이 지점에서 인문학은 스스로 구조가 될 우려를 항상적으로 불식해나가야 할 위치에 있다. 그 스스로가 완성된 기표가 아니라 지속적인 자기반성 속에 관용성을 발휘하는 오히려 적극적 의미의 부유기표의 과정 가운데 있어야 한다는 것이다. 이는 소위 '총체화하는 이론들의 폭정'에 대한 일체의 거부 속에 외부적 타자와 함께 개체의 내적 잠재성 그리고 (불)가능성의 여지와 영역을 남겨두는 구도의 견지를 말한다. 오늘날에도 허구의 예술 장르를 포기할 수 없는 이유가 여기에 있다. 주어진 개념의 정적 정의를 벗어나 체제를 넘어 방랑성과 개별성 그리고 특이성을 유지하는 방법은 예술의 논리에 은유적으로 내재해왔기 때문이다.

최종적으로, 애초의 화두로 되돌아온다면, 이 논의는 생각의 틀로서의 인문학의 개념과 구조들이 그 자체 내부에 모순된 틈을 갖고, 또한 외부라는 바깥을 갖는다는 인식을 주문한다. 또한 이러한 인문학적 인식이 사회 정치적 구조의 경우에도 동일한 방식으로 작용할 수 있다는 기대를 안고 있다. 오늘날 인문학 논의의 기저를 들여다볼 수 있는 기표와 면역 그리고 거울이라는 고슴도치적 개념은 부유기표와 자가면역 그리고 거울 단계라는 여우적 틈과 바깥의 차원과 함께한다. 이러한 의미에서 세계와 인간, 그리고 인문학과 개인을 규정하는 정교한, 또한 그런 만큼 고슴도치적인, 개념에는 적절한 사용설명서과 주의사항이 곁들여져야 한다. 이런 까닭에 인문학은 그 대상이나 스스로에 대한 겸손함과 망설임을 통해서만 고슴도치적 구도에서 여우의 몸짓으로 나아갈 수 있다.

최상의 인간이 될 것인가? 아니면 인간의 종언을 다시 한 번 확인할 것인가? 최상의 인간이 아니라 오히려 인간의 종언을 고하는 사례 가운데 하나로 니체의 자라투스트라는 최상의 인간들에게 인간의 종언을 고한다. 최상의 인간이란 지금 정의되고 있는 의미에서의 인간 가운데 최고의 인간으로, 오늘의 기준에 가장 잘 부합하는 인간을 말한다. 자라투스트라는 이들에게, 그리고 우리 모두에게 이러한 수준의 인간이 아니라 한층 더 높은 인간을 지향하기를 권한다. 인간의 사유는 인간 자신을 재확인하는 포박의 작업 못지않게 지속적으로 재정의하는 작업에 임해야 한다는 것이다. 이러한 재정의가 우리에게 주문하는 것은 인문학에 있어서 지나친 자아와 인간 중심의 행복론에 대한 재고이고, 더 나아가 동물 일반과 사물에 대한 탈인간적 겸손과 윤리이다. 생명 현상으로서의 인간은, 그리고 구체적 개인은 고슴도치적 개념의 틀로 직조된 구도 속에서 여우의 몸짓을 포기하지 않는다는 잠재성과 기대 그 자체이다.

대양을 자신의 경로에 따라 헤엄쳐나가는 하얀 고래 모비딕, 그에게 한쪽 다리를 잃고 집요한 복수의 추격을 벌이는 에이합. 첫눈에 멜빌의 『모비딕』의 주인공은 에이합이다. 그것은 이 이야기에 대한 우리의 가장 앞선 반응이 그의 열정에 대한 감탄이기 때문이다. 세계 속의 삶에 대한 깊은 은유일 수 있는 대결에 당면하여 우리는 에이합의 분명한 의지와 열정을 부러워하면서, 이에 대한 그 어떠한 경계심도 지나치게 신중한 사변으로 놓아버리고 싶은 유혹에 빠진다. 모비딕은 에이합에게 분명한 목표 대상이었다. 또, 그 의미가 아주 불분명한 만큼 극복하고 싶은 그 무엇이기도 했다. 하지만 이내 대상을 향한 그의 용기와 열정은 집념과 광기의 수준으로 치닫고, 그 결과가 낳은 사건으로부터 살아남은 유일한 생존자인 이슈마엘과 함께 이 이야기를 되짚어 생각하면, 그의 추격은 추격이기보다는 오히려 대상에 피동적으로 포박된 것처럼 보인다는 점 또한 놓칠 수 없다.

이런 까닭에 이 작품이 발표된 당대와 19세기 후반기

가 주인공으로 에이합에 주목하였다면, 20세기 전반기의 비평은 오히려 이슈마엘에 주목하였다. 이야기가 진행되면서 서술자인 이슈마엘의 사색과 반추가 오히려 이 작품의 한층 깊은 의미로 다가오기 시작한 것이다. 하지만 여기에서 더 나아가 20세기 후반에는 오히려 모비딕 자체가, 즉 그 동물적 힘과 그것이 반영하는 세계의 힘이 주목된 바 있다. 『모비딕』의 주인공으로 기실 에이합도 아니고 이슈마엘도 아닌, 작품 제목 자체가 엄연히 강조하고 있는 하얀 고래 모비딕에 주목하는 것이 결코 부적절한 것은 아니다.

모비딕은 여전히 우리의 의미망으로 포획되지 않는 존재로 남아 있다. 모비딕과 에이합의 경우에 비추어 생각해본다면, 오늘의 인문학에서 대상과 자신에 대해 한편으로는 지극히 자가 발전된 열정을, 또 한편으로는 초조와 조바심을 목도한다고 말한다면 과도한 것일까? 지금의 인문학에게 그리고 우리에게 정작 요구되는 것은 대상에 대한 또 다른 숙고의 여지와 함께 스스로에 대해 지독히 회의하고 의심하는 재고라 하지 않을 수 없고, 이것이 고슴도치적 구도의 틈과 바깥을 모색하는 여우의 첫 발이 될 수 있을 것이다.

주

1 Theodor Adorno,"Culture Industry Reconsidered," 1975, *The Culture Industry: Selected Essays on Mass Culture*, ed. J. M. Berstein, London: Routledge, 1991, pp. 98-106.

2 알베르트 아인슈타인, 『상대성의 특수이론과 일반이론』, 이주명 역, 필맥, 2012, p. 3.

3 Ferdinand de Saussure, *Course in General Linguistics*, 1916, trans. Wade Baskin, ed. Perry Meisel & Haun Saussy, New York: Columbia University Press, 2011, pp. 111-22. [페르디낭 드 소쉬르, 『일반언어학강의』, 최승언 역, 민음사, 2006.]

4 Jean-Paul Sartre, *Being and Nothingness*, 1943, trans. Hazel E. Barnes, New York: Washington Square Press, 1956, p. 725. [장 폴 사르트르, 『존재와 무』, 정소정 역, 동서문화사, 2009.]

5 Edward Burnett Tylor, "On a Method of Investigating the Development of Institutions: Applied to Laws of Marriage and Descent," *Journal of Royal Anthropological Institute* 18

(1889): 245-72.

6 Claude Lévi-Strauss, "Structural Analysis in Linguistics and in Anthropology," *Structural Anthropology*, trans. Clair Jacobson & Brooke Grundfest Shoepf. New York: Basic Books, 1963, pp. 31-54. [클로드 레비 스트로스, 『구조인류학』, 김진욱 역, 종로서적, 1983.]

7 Saussure, *Course in General Linguistics*, pp. 22-23, 109.

8 Noam Chomsky, *Syntactic Structures*, 1957, 2nd ed., Berlin: Mouton de Gruyter, 2002. [노암 촘스키, 『변형-생성문법의 이론』, 이승환 · 이혜숙 역, 범한서적, 1982.]

9 Saussure, *Course in General Linguistics*, pp. 10-11.

10 Claude Lévi-Strauss, *Introduction to the Work of Marcel Mauss*, 1950, trans. Felicity Baker, London: Routledge, 1987, pp. 55-64.

11 Emile Durkheim, *The Elementary Forms of the Religious Life*, trans. Karen E. Field, New York:

Free Press, 1995. pp. 99-241. [에밀 뒤르켐, 『종교생활의 원초적 형태』, 노치준 · 민혜숙 역, 민영사, 1992.]

12 Lévi-Strauss, *Introduction to the Work of Marcel Mauss*, p. 63.

13 Lévi-Strauss, *Introduction to the Work of Marcel Mauss*, p. 64.

14 Lévi-Strauss, *Introduction to the Work of Marcel Mauss*, p. 63.

15 Boris Wiseman, *Lévi-Strauss, Anthropology and Aesthetics*, Ideas in Context 85, Cambridge: Cambridge University Press, 2007.

16 레비스트로스는 이 방대한 저작 가운데 아래와 같이 가장 엉뚱하고 감상적으로, 그런 만큼 인상적으로 자신의 속내를 드러낸다:

세계는 인류 없이 시작하였고 인류 없이 끝날 것이다. 내가 일생을 바쳐 정리하고 이해하기 위해 노력하게 될 제도와 습속 그리고 풍속은 창조적 과정의 일시적 개화이고, 이 과정에서 이들이 인간으로 하여금 그 운명적 역할을 수

행하도록 하는 한에 있어서만 의미를 갖는다. 이러한 역할이 우리 인류에게 독립적 지위를 부여하지 않거나, 인간이 비록 운명 지어진 존재이지만, 그의 헛된 노력이 우주의 몰락 과정을 저지할 수 없다는 것이 아니라, 오히려 그의 역할 자체가 기계로서 아마 그 어떤 것보다 더 완성된 단계에 도달하여, 그 운동은 이제 최초 질서의 와해를 촉진하면서 강력한 조직 체계가 점차 가속화되어 언젠가는 결정적이 될 관성 상태를 향하도록 재촉하고 있다. 인간이 처음으로 숨쉬기를 배우고 생명을 유지하기를 배운 날부터, 불을 발견하고 지금의 원자 폭탄과 핵반응 도구들을 발명한 오늘날에 걸쳐, 인간은—그 자신을 재생산할 때를 제외하고—수백만의 구조를 흔쾌히 분해했을 뿐만 아니라, 이들 요소들이 더 이상은 재결합할 수 없는 상태로 떨어뜨린다. 물론 인간은 도시를 세우고 흙이 결실을 맺도록 하였다. 하지만 이들 활동을 면밀히 검토한다면 우리가 알게 될 것은 이들은 또한 관성 생산 기계라는 것이고, 이 활동의 크기와 속도는 이들 기계에 내재된 조직의 양보다는 무한히 크다는 것이다. 인간 정신의 창조는 오직 인간 정신과 관련하여 의미를 가질 뿐이고 그것이 사라지는 순간 아무것도 아닌 것이 될 것이다. 그러므로 총체적으로 볼 때, 문명은 엄청나게 복합적인 기계라 할 수 있으며, 이 기계가 우주의 생존을 위한 최상의 희망으로 생각하고 싶듯이, 그것의 진정한 기능은 물리학자들이 일컫는 엔트피 소위 관성의 생산에 있다. 대화의 모든 부분과 글의 한 줄 한 줄이 두 대담자의 의견 교환을 형성하지만 이미 다른 두 차원에서 존재해왔고 그렇기 때문에 매우 높은 자체의 조직적 특성을 갖춘 것을 균질화한다. 이런 점에서 인류학(anthropology)보다는 '엔트피학(entropology)'이 가장 진화된 형식의 와해 과정에 대한 연구에 전념하는 학문 분야의 명칭이되어야 한다. Claude Lévi-Strauss, *Tristes Tropiques*, Paris: Plon, 1955, pp. 495-96.

17 Edvard Westermarck, *The History of Human Marriage*, London: Macmillan, 1891. [에드워드

웨스트마크, 『인류 혼인사』, 정동호 · 신영호 역, 세창출판사, 2013.]

18 에드워드 윌슨, 『통섭: 지식의 대통합』, 최재천 · 장대익 역, 사이언스북스, 2005, p. 316.

19 지그문트 프로이트, 「토템과 타부」, 『종교의 기원』, 이윤기 역, 열린책들, 2004, pp. 23-240, 특히 근친상간에 대한 논의는 pp. 190-93, 218 참조.

20 프로이트, 「토템과 타부」, p. 191.

21 프로이트, 「토템과 타부」, p. 192.

22 윌슨, 『통섭』, p. 316.

23 윌슨, 『통섭』, pp. 375-77.

24 Edward O. Wilson, *On Human Nature*, Cambridge: Harvard University Press, 1978, pp. 137-38. [E. O. 윌슨, 『인간 본성에 대하여』, 이한음 역, 사이언스북스, 2011.]

25 Arthur P. Wolf, "Introduction," *Inbreeding, Incest, and the Incest Taboo: The State of Knowledge at the Turn of the Century*, eds. Arthur P. Woolf & William H. Durham,

Stanford: Stanford University Press, 2005, pp. 1-23.

26 Wolf, "Introduction," p. 21.

27 Claude Lévi-Strauss, *Myth and Meaning*, The 1977 Massey Lectures, London: Routledge, 1978, p. 2. [클로드 레비 스트로스, 『신화와 의미』, 임옥희 역, 이끌리오, 2000.]

28 발터 벤야민, 「기술 복제시대의 예술작품」, 『기술복제시대의 예술작품/사진의 작은 역사 외』, 발터 벤야민 선집 2, 최성만 역, 길, 2007, pp. 39-150.

29 Theodor Adorno, "Free Time," 1975, *The Culture Industry*, pp. 187-97.

30 『소비 사회』(*La Société de consommation*, 1970), 『기호의 정치 경제한 비판을 위하여』(*Pour une critique de l'économie politique du signe*, 1972), 그리고 『생산의 거울』(*Le Miroir de la production*, 1973).

31 『유혹에 대하여』(*De la séduction*, 1979), 『시뮬라크르와 시뮬라시옹』(*Simulacres et simulation*,

1981), 『침묵하는 다수의 그늘 아래』(*À l'ombre des majorités silencieuses*, 1982), 『치명적 전략』(*Les Stratégies fatales*, 1983), 『급진적 사유』(*La Pensée radicale*, 1994), 『불가능한 교환』(*L'Échange impossible*, 1999). [장 보드리야르, 『유혹에 대하여』, 배영달 역, 백의, 2002; 『시뮬라시옹』, 하태환 역, 민음사, 2001; 『불가능한 교환』, 배영달 역, 울력, 2001.]

32 Herman Meiville, "Bartleby, The Scrivener," *Melville's Short Novels*, ed. Dan McCall, New York: Norton, 2002, pp. 3-34. [허먼 멜빌, 『필경사 바틀비』, 공진호 역, 문학동네, 2011.]

33 '잠재성' 개념과 이 관점에서의 논의는 Giorgio Agamben, "Bartleby, or On Contingency," *Potentialities: Collected Essays in philosophy*, ed. & trans. Daniel Heller-Roazen, Stanford: Stanford University Press, 1999, pp. 243-71; "Bartleby," *The Coming Community*, trans. Michael Hardt, Minneapolis: University of Minnesota Press, 1993, pp. 35-37 참조. [조르

조 아감벤, 『도래하는 공동체』, 이경진 역, 꾸리에, 2014.]

34 Jean Baudrillard, *Fatal Strategies*, 1983, trans. Phil Beitchman & W. G. J. Niesluchowski, New York: Semiotext(e), 2008, 특히 pp. 222-29.

35 Jean Baudrillard, *The Ecstasy of Communication*, trans. Bernard & Caroline Schutze, ed. Sylvère Lotringer, New York: Semiotext(e), 1988, p. 83.

36 Jean Baudrillard, *In the Shadow of the Silent Majorities. . . or the End of the Social and Other Essays*, trans. Paul Foss, Paul Pattor & John Johnson, New York: Semiotext(e), 1983, pp. 41 & 51.

37 Jean Baudrillard, *The Perfect Crime*, trans. Chris Turner, London: Verso, 1996, pp. 97-98.

38 Jean Baudrillard, *Transparency of Evil: Essays on Extreme Phenomena*, 1990, trans. James Benedict, New York: Verso, 1993, pp. 9-19.

39 Jean Baudrillard, *The Conspiracy of Art: Manifestos, Interviews, Essays*, ed. Sylvère

Lotringer, trans. Ames Hodges, New York: Semiotext(e), 2005, pp. 27-28. [장 보드리야르, 『예술의 음모』, 배영달 편역, 백의, 2000.]

40 Baudrillard, *The Perfect Crime*, 특히 pp. 1-7.

41 Jean Baudrillard, "The Murder of the Real," *The Vital Illusion*, Wellek Library Lectures, New York: Columbia University Press, 2000, pp. 60-96. 이 지점은 앞서 거론한 레비스트로스의 『슬픈 열대』의 결론 부분을 다시금 떠올리게 한다 (Lévi-Strauss, *Tristes Tropiques*, pp. 495-96).

42 Roberto Esposito, "Community and Violence," *Terms of the Political: Community, Immunity, Biopolitics*, trans. Rhiannon Noel Welch, New York: Fordham University Press, 2013, pp. 123-34. 에스포지토에 앞선 면역학과 자아에 대한 철학적 탐문으로는 Alfred I. Tauber, *The Immune Self: Theory or Metaphor?*, Cambridge: Cambridge University Press, 1994가 있음.

43 U. S. Department of Health and Human Services & National Institute of Health, *Understanding*

the Immune System: How It Works, NIH Publication, 2003.

44 한병철, 『피로사회』, 김태환 역, 문학과지성사, 2012, p. 11.

45 한병철, 『피로사회』, pp. 12, 14.

46 Jean-Luc Nancy, "The Inoperative Community," 1986, trans. Peter Connor, *The Inoperative Community*, ed. Peter Connor, Minneapolis: University of Minnesota Press, 1991, pp. 1-43; Maurice Blanchot, *The Unavowable Community*, 1983, trans. Pierre Joris, New York: Station Hill Press, 1988 참조. [장 뤽 낭시, 『무위의 공동체』, 박준상 역, 인간사랑, 2010.]

47 Esposito, "Community and Violence," pp. 133-34.

48 Esposito, "Community and Violence," p. 132.

49 『지식에의 의지』(*La Volonté de savoir*, 1976), 『쾌락의 활용』(*L'Usage des plaisirs*, 1984), 『자기에의 배려』(*Le Souci de soi*, 1984). [미셸 푸코, 『성의 역사 1: 지식의 의지』, 이규현 역, 나남, 2010;

『성의 역사 2: 쾌락의 활용』, 문경자 · 신은영 역, 나남, 2004; 『성의 역사 3: 자기에의 배려』, 이혜숙 · 이영목 역, 나남, 1990.]

50 강연록으로는 『지식에의 의지』(*La Volonté de savoir*, 1970-1971), 『감옥의 이론』(*Théories et institutions pénales*, 1971-1972), 『처벌 사회』(*La Société punitive*, 1972-1973), 『정신의학의 권력』(*Le Pouvoir psychiatrique*, 1973-1974), 『비정상인들』(*Les Anormaux*, 1974-1975), 『사회를 보호해야 한다』(*Il faut défendre la société*, 1975-1976), 『안전, 영토, 인구』(*Sécurité, territoire, population*, 1977-1978), 『생명관리정치의 탄생』(*Naissance de la biopolitique*, 1978-1979), 『생명 통치』(*Du gouvernement des vivants*, 1979-1980), 『주체성과 진리』(*Subjectivité et vérité*, 1980-1981), 『주체의 해석학』(*L'Hermeneutique du sujet*, 1981-1982), 『자아와 타자의 통치』(*Le Gouvernement de soi et des autres*, 1982-1983), 『자아와 타자의 통치: 진리에의 용기』(*Le gouvernement de soi et des autres: Le courage de la vérité*, 1983-1984)가 사후에 출

간되었다. 이와 함께 "담론과 진리: 파레지아의 문제(Discourse and Truth: The Problematization of Parrhesia)"를 주제로 한 University of California, Berkeley에서의 6회에 걸친 강연(1983년 10~11월)이 이후 『용기 있는 말』(『진리에의 용기』, *Fearless Speech*, 2001, *The Courage of the Truth*, 2011)로 출판되었다.

[미셸 푸코, 『정신의학의 권력: 콜레주 드 프랑스 강의 1973~1974년』, 오트르망 · 심세광 · 전혜리 역, 난장, 2014; 『비정상인들: 1974~1975, 콜레주 드 프랑스에서의 강의』, 박정자 역, 동문선, 2001; 『사회를 보호해야 한다: 콜레주 드 프랑스 강의 1975~1976년』, 김상운 역, 난장, 2015; 『안전, 영토, 인구: 콜레주 드 프랑스 강의 1977~1978년』, 오트르망 · 심세광 · 전혜리 · 조성은 역, 난장, 2011; 『생명관리정치의 탄생: 콜레주 드 프랑스 강의 1978~1979년』, 오트르망 · 심세광 · 전혜리 · 조성은 역, 난장, 2012; 『주체의 해석학: 1981~1982, 콜레주 드 프랑스에서의 강의』, 심세광 역, 동문선, 2007.]

51 Michel Foucault, *Power/Knowlege: Selected Interviews and Other Writings, 1972-1977*, ed. Colin Gordon, Brighton: Harvester, 1980, p. 142. [미셸 푸코, 『권력과 지식: 미셸 푸코와의 대담』, 홍성민 역, 나남, 1991.]

52 Aristotle, *Nicomachean Ethics*, trans. & ed. Roger Crisp, Cambridge: Cambridge University Press, 2004, Book I, pp. 3-22. [아리스토텔레스, 『니코마코스 윤리학』, 이창우 · 김재홍 · 강상진 역, EJB(이제이북스), 2006.]

53 가령, 서민, 『기생충 열전』, 을유문화사, 2013.

54 Jacques Lacan, *Ecrits*, trans. Bruce Fink, New York: Norton, 2006, p. 430.

55 Gilles Deleuze, *Foucault*, 1986, trans. Seán Hand, Minneapolis: University of Minnesota Press, 1988, pp. 91-92. [질 들뢰즈, 『푸코』, 권영숙 · 조형근 역, 새길아카데미, 1995.]

56 Gilles Deleuze & Félix Guattari, *Anti-Oedipus: Capitalism and Schizophrenia*, 1972, trans. Robert Hurley, Mark Seem, & Helen R. Lane,

Minneapolis: University of Minnesota Press, 1983, 선명한 예로는 가령 p. 330 참조. [질 들뢰즈, 펠릭스 가타리, 『안티 오이디푸스: 자본주의와 분열증 1』, 김재인 역, 민음사, 2014.]

57 Roberto Esposito, *Third Person: Politics of Life and Philosophy of the Impersonal*, 2007, trans. Zakiya Hanafi, Cambridge: Polity Press, 2012, p. 147.

58 Gilles Deleuze & Félix Guattari, *A Thousand Plateau: Capitalism and Schizophrenia*(vol. 2), 1980, trans. Brian Massumi, Minneapolis: University of Minnesota Press, 1987, pp. 243-45; Gilles Deleuze & Claire Parnet, "On the Superiority of Anglo-American Literature," *Dialogues II*, trans. Hugh Tomlinson & Barbara Habberjam, New York: Columbia University Press, 1987, pp. 36-76. [질 들뢰즈, 『천개의 고원: 자본주의와 분열증 2』, 김재인 역, 새물결, 2003.]

59 Jacques Derrida, "The Animal That Therefore

I am (More to Follow)," trans. David Wills, *Critical Inquiry* 28 (Winter 2002): pp. 369-418; Peter Sloterdijk, "Rules for the Human Zoo: A Response to the Letter of Humanism," 1999, trans. Mary Varney Rorty, *Society and Space* 27.1 (2009): pp. 12-28.

60 Heidegger, "Letter on Humanism," *Basic Writings*, ed. David Farrell Krell, New York: Harper and Row, 1977, pp. 189-242, 234.

61 Jacques Lacan, "The Mirror Stage as Formative of the *I* Function as Revealed in Psychoanalytic Experience," *Ecrits*, pp. 75-81.

62 Jacques Lacan, "The Freudian Thing, or the Meaning of the Return to Freud in Psychoanalysis," *Ecrits*, pp. 334-63.

63 지그문트 프로이트, 「자아와 이드」, 1923, 박찬부 역, 『정신분석학의 근본 개념』, 프로이트 전집 11, 열린책들, pp. 345-414.

64 "[T]he wandering shadow of his[man's] own ego." Jacques Lacan, *The Ego in Freud's Theory*

and in the Technique of Psychonalysis 1954-1955, The Seminar of Jacques Lacan, Book II, ed. Jacques-Alain Miller, 1978, trans. Sylvana Tomaselli, New York: Norton, 1988, p. 166.

65 지젝의 거의 모든 저술은 실재계의 문제를 거론하고 있다고 해도 과언이 아니다. 하지만 필자가 읽은 바로는 그의 가장 초기 저술인 Slavoj Žižek, *The Sublime Object of Ideology*, London: Verso, 1989(2nd ed., 2008)가 역시 그 논제와 논지 전개에 있어 가장 선명하다. [슬라보예 지젝, 『이데올로기라는 숭고한 대상』, 이수련 역, 인간사랑, 2002.]

66 Slavoj Žižek, *Living in the End Times*, London: Verso, 2010, pp. 105-7; Terry Eagleton, *Trouble with Strangers: A Study of Ethics*, Oxford: Wiley-Blackwell, 2009, pp. 181-82.

67 Jacques Lacan, "The Instance of the Letter in the Unconscious, or Reason since Freud," *Ecrits*, pp. 412-41; "Science and Truth," *Ecrits*, pp. 726-45, 특히 p. 737.

68 Jacques Lacan, "The Subject and the Other: Alienation," *The Four Fundamental Concepts of Psychoanalysis*, The Seminar of Jacques Lacan, Book XI, ed. Jacques-Alain Miller, trans. Alan Sheridan, New York: Norton, 1978, pp. 203-25, 특히 p. 209. [자크 라캉, 『자크 라캉 세미나 11: 정신분석의 네 가지 근본 개념』, 자크-말랭 밀레 편, 맹정현·이수련 역, 새물결, 2008.]

69 Jacques Lacan, *The Ethics of Psychoanalysis 1959-1960*, The Seminar of Jacques Lacan Book VII, ed. Jacques-Alain Miller, trans. Dennis Porter, New York: Norton, 1992, p. 112.

70 Žižek, *The Sublime Object of Ideology*, pp. 140-44 참조.

71 Lacan, *The Four Fundamental Concepts of Psychoanalysis*, p. 273-74. Žižek, *The Sublime Object of Ideology*, pp. 45-47, 148, 262-63; *The Ticklish Subject: The Absent Centre of Political Ontology*, London: Verso, 1999, pp.

266-67.

72 Jacques Lacan, *On Feminine Sexuality: The Limits Of Love And Knowledge, 1972~1973 (Encore)*. The Seminar of Jacques Lacan XX, ed. Jacques-Alain Miller, trans. Bruce Fink, New York: Norton, 1998, p. 12.

73 Slavoj Žižek, *Tarrying with the Negative: Kant, Hegel, and the Critique of Ideology*, Durham: Duke University Press, 1993, p. 3. [슬라보예 지젝, 『부정적인 것과 함께 머물기』, 이성민 역, 도서출판b, 2007.]

74 Alain Badiou, *The Century*, 2005, trans. Alberto Toscano, Cambridge: Polity Press, 2007, p. 52. [알랭 바디우, 『세기』, 박정태 역, 이학사, 2014.]

75 지그문트 프로이트, 「쾌락 원칙을 넘어서」, 1920, 박찬부 역, 『정신분석학의 근본 개념』, pp. 267-343, 283, 290-1.

76 Jonathan Lear, *Happiness, Death, and the Remainder of Life*, Cambridge, Harvard

University Press, 2000, pp. 81-85, 147-48.

77 "이 마지막 문장은 히틀러의 위험이 분명해지기 시작한 1931년의 재판본에 덧붙인 것이다" (번역본 원문). 지그문트 프로이트, 「문명 속의 불만」, 1930, 『문명 속의 불만』, 프로이트 전집 12, 1930, 김석희 역, 열린책들, 2003, pp. 229-329.

78 Jacques Derrida, "Of Spirit," trans. Geoff Bennington & Rachel Bowlby, *Critical Inquiry* 15.2 (Winter 1989): 457-474, 463.

79 Jonathan Lear, *Happiness, Death, and the Remainder of Life*, p. 85; *Freud*, New York: Routledge, 2005, p. 163.

80 Karl Popper, *Conjectures and Refutations*, London: Routledge, 1963, pp. 33-34. [칼 포퍼, 『추측과 논박』, 이한구 역, 민음사, 2002.]

81 Dylan Evans, *An Introductory Dictionary of Lacanian Psychoanalysis*, London: Routledge, 1996. [딜런 에반스, 『라깡 정신분석 사전』, 김종주 외 공역, 인간사랑, 1998.]

82 Dylan Evans, "From Lacan to Darwin," *The Literary Animal: Evolution and the Nature of Narrative*, ed. Jonathan Gottschall & David Sloan Wilson, Evanston, Illinois: Northwestern University Press, 2005, pp. 38-55, 54.

83 Jean-Paul Sartre, *Huis clos*, 1944, *Huis clos suivi de Le mouches*, Paris: Gallimard, 1947, p. 93. [장 폴 사르트르, 『닫힌 방 · 악마와 선한 신』, 지영래 역, 민음사, 2013.]

84 Catherine Malabu, *What Should We Do with Our Brain?*, 2004, trans. Sebastian Rand, New York: Fordham University Press, 2009, 특히 pp. 32-33, 72-79; *The Future of Hegel: Plasticity, Temporality, and Dialectic*, 1996, trans. Lisabeth During, New York: Routledge, 2004; *The Ontology of the Accident: An Essay on Destructive Plasticity*, 2009, trans. Carolyn Shread, Cambridge: Polity Press, 2012.

85 Sigmund Freud, *New Introductory Lectures on Psychoanalysis*, 1933, The Standard Edition of

the Complete Psychological Works of Sigmund Freud, XXII, ed. & trans. James Strachey, London: Hogarth Press, 1962, p. 80. [지그문트 프로이트, 『새로운 정신분석 강의』, 프로이트 전집 2, 임홍빈 · 홍혜경 역, 열린책들, 2003.]

86 Lacan, *The Four Fundamental Concepts of Psychoanalysis*, pp. 44-45.

87 지그문트 프로이트, 「나르시시즘 서론」, 1914, 윤희기 역, 『정신분석학의 근본 개념』, pp. 39-85, 46-48; "On Narcissism: An Introduction," Standard Edition, 1957, pp. 69-102, p. 74.

88 "우리가 가능하다고 인정하는 제한된 의미에서의 행복은 개인의 리비도 경제학의 문제이다. 모든 사람에게 똑같이 적용되는 황금률은 존재하지 않는다. 사람들은 저마다 자신이 구원받을 수 있는 특정한 방식을 스스로 찾아내야 한다." 프로이트, 『문명 속의 불만』, p. 257.

89 Lacan, *The Four Fundamnetal Concepts of Psychoanalysis*, p. 76; Žižek, *The Sublime Object of Ideology*, pp. 45-46.

고슴도치 시대의 여우

초판 1쇄 발행 2016년 5월 12일

지은이 조규형
펴낸이 강수걸
편집장 권경옥
편집 윤은미 문호영 정선재
디자인 권문경 구혜림
펴낸곳 산지니
등록 2005년 2월 7일 제14-49호
주소 부산광역시 연제구 법원남로15번길 26 위너스빌딩 203호
전화 051-504-7070
팩스 051-507-7543
홈페이지 www.sanzinibook.com
전자우편 sanzini@sanzinibook.com
블로그 http://sanzinibook.tistory.com

ISBN 978-89-6545-350-5 03000

* 책값은 뒤표지에 있습니다.
* 이 도서의 국립중앙도서관 출판예정도서목록(CIP)은 서지정보유통지원시스템 홈페이지(http://seoji.nl.go.kr)와 국가자료공동목록시스템(http://www.nl.go.kr/kolisnet)에서 이용하실 수 있습니다.(CIP제어번호: CIP2016008353)